CONSIDÉRATIONS

· SUR LES

DÉFENSES NATURELLES ET ARTIFICIELLES

DE LA FRANCE

EN CAS D'UNE INVASION ALLEMANDE

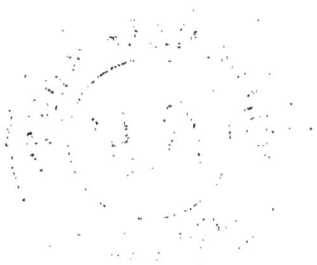

EXTRAIT DU SPECTATEUR MILITAIRE

Paris. — Imprimerie de E. MARTINET, rue Mignon, 2.

CONSIDÉRATIONS

SUR LES

DÉFENSES NATURELLES ET ARTIFICIELLES

DE LA FRANCE

EN CAS D'UNE INVASION ALLEMANDE

PAR MR.,

Lieutenant-colonel de l'état-major général ;

TRADUIT DE L'ALLEMAND

PAR A. BACHARACH,

Capitaine au 2ᵉ régiment du génie.

_____

PARIS

CH. TANERA, ÉDITEUR,

LIBRAIRIE POUR L'ART MILITAIRE, LES SCIENCES ET LES ARTS
Rue de Savoie, 6.

_____

1867

DÉFENSES

NATURELLES ET ARTIFICIELLES

DE LA FRANCE

EN CAS D'UNE INVASION ALLEMANDE

I

FRONTIÈRE DU NORD-EST DE LA FRANCE

§ 1. — Aperçu général.

Au nord-est, la France ne possède pas de frontière naturelle. Différentes routes stratégiques peuvent conduire une armée d'invasion à Paris à travers les défenses artificielles qui garnissent le nord-est et l'est. La plus courte de ces routes est celle qui part de la Belgique. On voit immédiatement qu'il est de la plus haute importance pour l'Allemagne de pouvoir disposer de ce pays en cas de guerre, afin d'y établir la base d'opérations d'une armée d'invasion. Mais si la Belgique devait conserver sa neutralité, une armée allemande ne pourrait marcher sur Paris qu'en passant par la partie de la frontière comprise entre la place de Luxembourg et le Rhin. Cette armée aurait alors à sa disposition : en première ligne, les places de Luxembourg, Sarrelouis, Landau, Germersheim et Rastadt ; en seconde ligne, Cologne et Coblentz, et pour base d'opérations la place de Mayence ; mais elle aurait à craindre d'être attaquée par le flanc et d'avoir ses communications coupées par une armée française qui, envahissant la Belgique, ferait de la Meuse sa base d'opérations pour se diriger vers la Moselle et le Rhin.

Il est certain que si l'Allemagne entière venait à faire la guerre à la France, elle devra constituer plusieurs armées se dirigeant toutes sur Paris, mais ayant des bases d'opérations différentes. Les frontières du nord-est et de l'est permettent d'ailleurs l'invasion simultanée de trois armées distinctes.

La frontière du nord-est de la France peut se diviser en deux parties :

a. La partie ouest qui la sépare de la Belgique, allant de Dunkerque à Longwy, de quatre-vingt-dix lieues d'étendue.

b. La partie est qui la sépare du Luxembourg, de la Prusse et de la Bavière, allant de Longwy au Rhin, de cinquante lieues de longueur.

A. — FRONTIÈRE ENTRE LA BELGIQUE ET LA FRANCE
(QUATRE-VINGT-DIX LIEUES D'ÉTENDUE).

§ 2. — Défenses naturelles et artificielles.

La frontière de la Belgique est protégée par les places fortes suivantes :

Furnes, Ypres, Menin, Tournay, Mons, Charleroy, Philippeville, Marienbourg, Chimay et Bouillon.

Toutes, à l'exception de Charleroy, sont situées très-près de la frontière. Par suite de la cession à la

Belgique, lors du traité de 1815, de Philippeville, de Marienbourg et de Chimay, la frontière française présente maintenant une trouée entre Maubeuge et Rocroy, qui jusqu'à ce jour n'a pas été fermée par de nouvelles places fortes.

La frontière française est protégée, de son côté, en première ligne par :

Dunkerque, Cassel, Lille, Valenciennes, Maubeuge, Charlemont, Rocroy, Mézières, Sedan, Carignan, Montmédy et Longwy.

En seconde ligne par :

Saint-Omer, Aire, Saint-Venant, Béthune, Arras, Douai, Bouchain, Cambrai, le Quesnoy, Landrecies et Avesnes.

En troisième ligne par :

Péronne, Saint-Quentin, la Fère, Laon et Soissons.

Vingt de ces places sont échelonnées sur trois lignes et sont situées à l'ouest de la Sambre et de l'Oise. Des chemins de fer les relient à Paris qui peut servir de place de dépôt. Les huit places situées à l'est de la Sambre ne forment qu'une seule ligne de défense, qui présente en outre une trouée entre Avesnes et Rocroy, c'est-à-dire entre la Sambre et la Meuse.

Une voie ferrée met en communication directe les places frontières : Dunkerque, Lille, Douai, Arras, Valenciennes, Cambrai, Landrecies et Maubeuge, ainsi que Mézières, Sedan, Carignan, Montmédy, Longwy et Thionville. Valenciennes et Mézières seront reliées par une voie ferrée, actuellement en construction, qui passera par Avesnes.

Nancy, Metz et Thionville sont également réunis par un chemin de fer qui suit la rive gauche de la Moselle. Différentes voies peuvent conduire de Paris à la frontière du Nord.

Une première passe par Arras, Douai, Valenciennes et aboutit à Mons. Cette ligne se bifurque à Douai et conduit, en passant par Lille, aux places belges Courtray, Gand et Ostende. Une autre ligne fait communiquer Paris avecCharleroy   par Saint-Quentin et Maubeuge.

Ces deux voies sont en communication directe avec le réseau des chemins de fer belges, et permettent non-seulement de soutenir et de ravitailler les places fortes de la frontière du nord, mais facilitent au suprême degré l'invasion de la Belgique par une armée française, qui pourra arriver rapidement à Aix-la-Chapelle et à Cologne, si l'on n'a pas détruit à temps les lignes ferrées.

A l'est de Paris, on ne trouve d'autre ligne se dirigeant vers le nord (1) que celle de Paris à Nancy, qui se bifurque à Frouard pour se diriger sur Thionville en passant par Metz.

Tout le pays compris entre Paris et le Rhin est traversé par des chemins de fer tracés perpendiculairement à la direction de ce fleuve. Une autre ligne part de Bâle, traverse le territoire français le long de la rive gauche du Rhin et va jusqu'à Duisbourg en passant par

(1) Il faut encore citer la ligne très-importante qui va de Paris à Givet en passant par Soissons, Reims, Réthel et Mézières.

Mayence, Bingen, Boppard, Coblentz, Cologne et Crefeld.

Toutes ces voies ferrées ont une importance militaire bien marquée, au point de vue d'une invasion, soit en Allemagne, soit en Belgique.

Entre la frontière du nord de la France et la ligne Arras-Cambrai-Maubeuge, le pays est plat. Au sud de cette ligne, on rencontre quelques collines légèrement boisées : des forêts plus considérables s'étendent entre Douai, Condé et Valenciennes.

Saint-Quentin est situé sur des hauteurs qui s'étendent au nord-ouest jusqu'à Bapaume, et à l'est jusqu'à Chimay et Rocroy. Elles sont fortement boisées, très-accidentées et on ne peut plus favorables à la défense. Une armée y trouverait d'excellentes positions défensives, pourrait y soutenir des combats acharnés et opposer une résistance sérieuse.

Soissons, situé sur la rive gauche de l'Aisne, à vingt lieues de Paris, dont on a fait une place du premier ordre, favoriserait considérablement une pareille défense, si l'on y établissait un camp retranché. Il suffirait pour cela de fortifier les hauteurs environnantes, à une distance suffisante pour qu'elles puissent renfermer une armée et ses approvisionnements.

Ce camp retranché exercerait son action sur les vallées de l'Oise, de l'Aisne et de la Marne, et couvrirait Paris contre une armée venant du nord et du nord-est. Dès qu'elle aura traversé les Ardennes, cette armée d'invasion s'engagera certainement dans ces vallées, qui toutes trois conduisent dans celle de la Seine.

Si l'on rattachait à Soissons, au moyen de lignes fortifiées, les places de La Fère et de Laon, qui sont reliées par un chemin de fer, on obtiendrait un emplacement considérable compris entre l'Aisne et l'Oise pour contenir une armée défensive et subvenir à tous ses besoins.

La Marne n'est d'ailleurs éloignée de Soissons que d'une journée de marche. Quelques têtes de pont construites le long de ce fleuve, permettraient donc à l'armée défensive d'exercer son influence jusque dans la vallée de la Seine.

§ 3. — Cours d'eau.

L'Oise naît dans les étangs de la forêt de Saint-Michel, entre Chimay et Rocroy. Elle coule d'abord vers l'ouest jusqu'à Guise, prend ensuite une direction sud-ouest et se jette dans la Seine à l'ouest de Paris. Elle est navigable à partir de Compiègne, où elle reçoit l'Aisne. La Fère, qui renferme un arsenal, est la seule place forte qui soit située sur l'Oise.

En amont de cette place, où l'Oise reçoit la Serre qui descend des Ardennes, cette rivière n'a que peu d'importance et traverse une vallée de deux mille quatre cents pas de largeur. Rien de plus facile que d'effectuer le passage de l'Oise dans tout ce parcours si les défenseurs avaient fait sauter les nombreux ponts existants. Le passage du canal de la Sambre qui suit le cours de l'Oise n'offre pas plus de difficultés.

En aval de La Fère, la vallée devient de plus en plus étroite, et des hauteurs boisées et fortement escarpées règnent le long des deux rives. De La Fère à Verberie, celles de la rive droite sont dominantes; de Verberie à l'Isle-Adam, le contraire a lieu; enfin, de l'Isle-Adam jusqu'au confluent de l'Oise dans la Seine, les hauteurs de la rive droite dominent de nouveau celles de la rive gauche.

L'Aisne, qui est le principal affluent de l'Oise, a, au point de vue de la défense du nord de la France, une importance militaire bien plus considérable.

Elle prend sa source dans l'Argonne entre Bar-le-Duc et Commercy, reçoit l'Aire, dont le cours lui est parallèle, au nord-est de Vouziers, passe au nord de cette ville, se dirige ensuite vers l'ouest en passant par Réthel et Soissons et se jette dans l'Oise au nord de Compiègne. Le canal des Ardennes la met en communication avec la Meuse. Il commence à Soissons, suit la direction de l'Aisne jusqu'au nord de Vouziers et se jette dans la Meuse près de Donchery.

L'Aisne reçoit en outre, près de Soissons, la Vesle qui prend sa source à Châlons et passe à Reims.

La largeur de la vallée de l'Aisne, entre Berry-au-Bac et Compiègne, varie de douze cents à deux mille quatre cents pas; les hauteurs qui règnent le long des deux rives sont éloignées du lit de la rivière. En amont de Berry-au-Bac, on ne rencontre plus que des collines peu élevées. Le cours inférieur offre donc de bonnes positions défensives. La création d'un camp retranché à Soissons lui donnerait une grande importance.

La Marne ne jouera pas un rôle défensif contre une armée d'invasion venant de la Belgique, qui attaquera Paris par le nord et n'aura pas à la traverser.

Elle prend sa source au plateau de Langres, à deux lieues au sud de la place de Langres, coule d'abord au nord-ouest, passe à Chaumont, Joinville, Saint-Dizier, Vitry-le-Français et Châlons, prend ensuite une direction ouest, arrose Épernay, Château-Thierry et Meaux et se jette dans la Seine au sud de Paris, près de Charenton, après un parcours de cinquante milles (1) (environ 370 kilomètres).

Les chemins de fer qui règnent le long de la Marne et le long de la partie de la Seine, comprise entre Troyes et Paris, contribuent à l'importance de ces cours au point de vue de la défense.

Des différentes rivières qui prennent leurs sources sur les hauteurs de Saint-Quentin, l'Oise est la seule qui aille au sud-ouest. L'Escaut et la Sambre, qui descendent de ces hauteurs, se dirigent en effet au nord-est vers la frontière de la Belgique. L'Escaut se jette dans la mer et la Sambre dans la Meuse, près de Namur.

La Meuse prend sa source au plateau de Langres, coule d'abord vers le nord, puis vers le nord-ouest en passant à Neufchâteau, Commercy, Verdun, Sedan et Charlemont. Elle quitte alors la France et se dirige vers la frontière des Pays-Bas, en arrosant Namur, Liége et Maëstricht. L'Escaut naît à Castelet, entre

(1) Le mille ordinaire d'Allemagne est de 7416 mètres.

Saint-Quentin et Cambrai et coule vers le nord. Un canal la fait communiquer avec la Somme, qui prend sa source près de Fonsommes, se dirige au sud-ouest, arrose Saint-Quentin et Ham, remonte ensuite au nord-ouest, passe à Péronne et Abbeville et se jette dans la mer du Nord, près de Valisy, où aboutit également le canal de la Somme qui a son origine à Cambrai.

A la frontière, l'Escaut reçoit la Scarpe qui prend sa source à l'ouest d'Arras, suit la direction nord-est et arrose Douai, Marchiennes et Saint-Amand. Un canal l'accompagne entre Douai et Saint-Amand et aboutit dans l'Escaut, près de Condé. Il passe ensuite à Mons et à Charleroy, sur la Sambre, et communique une deuxième fois avec l'Escaut en passant par Bruxelles.

La Sambre a sa source au sud-ouest d'Avesnes. Elle coule d'abord vers l'ouest, arrose Oisy, où aboutit le canal qui la fait communiquer avec l'Oise, se dirige au nord-est, passe par Landrecies, quitte le territoire français à Maubeuge, arrose Charleroy et se jette dans la Meuse, près de Namur.

Nous venons de reconnaître qu'entre la Meuse et l'Escaut, ce pays si riche en cours d'eau, il n'y a que la Somme, la Serre, la Nesle et le cours supérieur de la Scarpe, de l'Oise et de l'Aisne, dont les directions soient parallèles à la frontière. L'Escaut, la Sambre, la Meuse et l'Oise ont une direction nord-est ou sud-ouest, et ne constituent que des obstacles de peu d'importance contre une armée envahissante qui part de la frontière de la Belgique pour se diriger sur Paris. On rencontre, il est vrai, dans toute cette contrée beaucoup de canaux et de petits cours d'eau, mais on y trouve également des chemins praticables allant dans toutes les directions et de nombreux ponts. Rien ne serait d'ailleurs plus facile que d'en jeter, s'il y avait lieu, sur ces cours d'eau de peu de largeur et difficiles à défendre.

L'Escaut et la Sambre en quittant la frontière, l'Oise, près de Noyon à 3 milles (environ 22 kilomètres) en amont du confluent de l'Aisne, et cette dernière, près de Soissons, n'ont pas plus de quatre-vingts à cent pas de largeur.

Les largeurs de la Marne près de Meaux, de la Meuse près de la frontière et de la Moselle près de Metz, varient de cent soixante à deux cents pas, tandis que le Rhin en a quatre cents près de Lauterbourg.

Quant aux places fortes de la frontière du nord de la France, dont quelques-unes, telles que Bouchain, Landrecies, Péronne, etc., ne sont que peu importantes, et qui, pour la plupart, paraissent ne pas être dans le meilleur état, elles ne forment certainement pas un obstacle assez sérieux pour arrêter la marche d'une armée d'invasion : elles pourront presque partout être tournées, et, dans tous les cas, il ne faudra que peu de monde pour les bloquer et même pour les assiéger.

Cette première armée, qui sera la plus forte de celles qui chercheront à pénétrer par les frontières de la France pour se concentrer à Paris, aura donc le terrain le plus facile et le chemin le plus court à parcourir.

§ 4. — Routes et chemins de fer.

Une armée dont la base d'opérations serait en Belgique peut s'avancer sur Paris par les grandes routes suivantes :

1° De Furnes par Hazebrouk, Saint-Pol, Doulens, Amiens, Clermont et Creil, ou bien encore de Furnes par Abbeville et Beauvais. Longueur, 36 milles (environ 270 kilomètres).

2° De Menin ou de Tournay par Douai, Péronne et Senlis. Longueur, 30 milles (environ 222 kilomètres).

3° De Mons par Maubeuge, Avesnes, Laon, Soissons et Dammartin. Longueur, 30 milles (environ 220 kilomètres).

4° De Philippeville ou Marienbourg par Rocroy, Mézières, Réthel, et de là par Soissons ou par Reims. Longueur, 36 milles (environ 270 kilomètres).

5° D'Arlon par Montmédy, Vouziers et Reims. Longueur, 36 milles (environ 270 kilomètres).

Les routes 3 et 4 conduisent par un pays découvert, dans lequel on rencontre peu d'obstacles naturels. Elles ne traversent, en outre, qu'une seule ligne de places fortes de petite grandeur, et en mauvais état d'entretien.

Ces conditions topographiques donnent lieu à penser qu'en cas de guerre avec l'Allemagne, la France ne se laissera pas attaquer de ce côté, mais commencera par faire pénétrer une armée en Belgique, cette terre classique de nombreuses batailles (on peut en citer quarante-deux). Cette assertion a d'autant plus de raison d'être, qu'il n'est pas du caractère français de rester sur la défensive. Ce corps d'armée prendra ensuite pour base d'opération la Meuse, et se dirigera vers le Rhin. Cela suppose, bien entendu, que la Belgique ne restera pas neutre, ou du moins que sa neutralité ne sera pas respectée.

Des lignes de chemins de fer rayonnent de Paris dans toutes les directions de l'empire. Voici les lignes existantes :

1° Ligne de Cherbourg par Dieppe et le Havre ;

2° Ligne de Rennes par Chartres ;

3° Ligne d'Orléans, se dirigeant d'une part vers l'embouchure de la Loire par Tours, Angers et Nantes, et d'autre part sur Limoges, par Châteauroux. La première de ces lignes se bifurque à Tours et se dirige sur Bordeaux en passant par Bayonne ;

4° Ligne de Bordeaux à Cette, par Toulouse et Béziers, qui établit une communication entre l'Océan et la Méditerranée ;

5° Ligne de Paris à Marseille, par Melun, Tonnerre, Dijon, Chalon-sur-Saône, Lyon, avec embranchement pour Montpellier ;

6° Ligne de Lyon à Vierzon, par Saint-Étienne, Moulins, Nevers et Bourges, se rattachant à celle d'Orléans à Limoges ;

7° Ligne de Lyon à Genève et à Chambéry ;

8° Ligne de Dijon à Mulhouse par Besançon et Belfort, se rattachant à celle de Bâle à Strasbourg ;

9° Ligne de Paris à Chaumont, par la vallée de la Seine (Montereau et Troyes) ;

10° Ligne de la Marne par Château-Thierry, Épernay, Châlons, Vitry-le-Français, Saint-Dizier, Chaumont, Langres et Vesoul, où elle se rattache à la ligne
de Dijon à Mulhouse ;

11° Ligne de Paris à Strasbourg, par Bar-le-Duc,
Toul, Nancy, Lunéville et Saverne. A Frouard, au
confluent de la Meurthe et de la Moselle, un embranchement suit la vallée de la Moselle et se dirige à Thionville, en passant par Metz. Une autre ligne part de
cette ville, passe à Saint-Avold et Forbach, où elle
quitte la France. Elle se dirige ensuite à Ludwigshafen
par Sarrebruck, Kaiserslautern et Neustadt. A Ludwigshafen, elle rejoint la ligne Hesse-Bavière qui va
jusqu'à Strasbourg (1) ;

12° Ligne de Paris à Maubeuge par les vallées de
l'Oise et Sambre, qui se rattache à Charleroy, au
réseau belge. Un embranchement qui part de La Fère
et qui passe par Laon et Reims la met en communication avec la ligne de la Marne ;

13° Ligne de Paris à Boulogne par la vallée de la
Somme. Elle passe par Creil, Amiens et Abbeville.
Deux autres lignes s'y rattachent, celle de Creil à
Arras, Douai et Mons, et celle de Douai à Lille, Haze-
brouck, Saint-Omer et Calais. Une voie ferrée relie
également Hazebrouck et Dunkerque.

Toutes les lignes qui convergent à Paris sont mises

(1) Il faut intercaler ici la ligne de Paris à Givet, qui passe à Soissons, Reims, Réthel et Mézières, où elle se rattache à la ligne de
Metz à Thionville, en passant par Sedan, Montmédy et Longuyon.

en communication par un chemin de fer de ceinture, qui augmente encore la valeur du système défensif de toute la France, dont Paris et Lyon sont les points d'appui, les véritables foyers.

Le réseau des chemins de fer français, organisé au point de vue de la défense générale du pays, permet de concentrer très-rapidement des troupes aux environs des frontières menacées par des armées d'invasion, principalement derrière les frontières du nord et du nord-est, qui sont les plus exposées. Ces troupes seraient soutenues par une armée réunie à Soissons, si toutefois on y réalise la création d'un camp retranché. Les réserves pourraient être concentrées à Paris.

On a créé, en attendant, un camp permanent, pouvant renfermer plusieurs divisions d'infanterie, à Châlons, distant de vingt lieues de la frontière du nord, et de soixante-dix lieues de Strasbourg. Les chemins de fer permettront de transporter ces forces en très-peu de temps en un point quelconque de la frontière du nord et du nord-est, qui seront probablement les premières attaquées.

En trois journées de marche ces troupes pourront également être rendues dans la vallée de la Meuse, entre Rocroy et Verdun.

Si la France complétait son système de défense actuel, se composant en première ligne des places frontières, et en seconde ligne des camps retranchés de Soissons, Marsal, Belfort et Langres, au moyen de têtes de pont établies sur les cours d'eau dont les directions sont parallèles à celle de la frontière, les armées en-

vahissantes éprouveraient les plus grandes difficultés
dans l'exécution des passages de rivières. Mais admettons un instant qu'elles aient pu avancer jusqu'à Paris
et jusqu'à Lyon, pourront-elles jamais briser la résistance qu'on leur opposera à l'attaque de ces immenses
camps retranchés, dont le siége sera au moins aussi
pénible que celui de Sébastopol ?

Des secours de toute nature pourront être dirigés
de l'intérieur sur ces deux capitales, et à moins d'une
écrasante supériorité du nombre, il paraît presque impossible de s'en emparer par la force des armes et de
se rendre ainsi maître de la France tout entière. Paris
ne sera jamais en notre pouvoir, à moins que des circonstances politiques ou des raisons d'un ordre moral
n'obligent les défenseurs à nous en ouvrir les portes.

La concentration en Belgique des troupes de l'Allemagne du nord peut s'opérer sur les nombreux chemins de fer du Hanovre, de la Prusse et de la Saxe.
Mais à partir de Ham, en Westphalie, jusqu'à Dortmund, cette armée n'aura à sa disposition qu'une seule
voie ferrée. Deux lignes partent de Dortmund : celle
de Liége par Aix-la-Chapelle et celle de Landen par
Maestricht et Hasselt. A partir de Liége et de Landen,
il sera facile de transporter les troupes en un point
quelconque de la frontière comprise entre la Meuse et
l'Escaut. Une armée française pourrait être concentrée
bien plus rapidement le long de cette frontière.

B. — FRONTIÈRES ENTRE L'ALLEMAGNE ET LA FRANCE

(DE LONGWY AU RHIN, CINQUANTE LIEUES D'ÉTENDUE).

§ 5. — Obstacles artificiels à la marche d'une armée d'invasion.

Les places de Luxembourg, Sarrelouis, Landau, Germersheim et Rastadt forment la base d'opérations d'une armée allemande, qui traverserait la frontière française entre Longwy et Lauterbourg, pour marcher sur Paris. Mayence, Coblentz et Cologne respectivement éloignées de vingt, trente-six et cinquante-quatre lieues de cette base, serviraient de places de dépôt. Mais comme elles sont situées toutes trois sur le Rhin, qui forme avec la base d'opérations un angle très-aigu, un camp retranché établi sur le Rhin, par exemple à Ludwigshafen et à Germersheim, formerait un meilleur appui et couvrirait mieux la retraite d'une armée concentrée dans la Bavière rhénane. Les places fortes qui défendent cette partie de la frontière française sont :

Longwy sur la Chiers, à six mille (environ 44 kilomètres 1|2), plus au sud Verdun sur la Meuse, Sierck, Thionville, Metz (à sept lieues de Thionville) et Toul (à dix-huit lieues de Metz) sur la Moselle.

Entre Thionville et Bitche, sur une étendue de vingt-quatre à vingt-cinq lieues, il n'existe pas de place forte.

Cette dernière est placée sur le versant ouest des Vosges. Lichtenberg, la Petite-Pierre et Phalsbourg, sont situés sur le versant est de cette chaîne de montagnes : Phalsbourg ferme la route de Paris, Lichtenberg et la Petite-Pierre surveillent les passages des Vosges qui font communiquer la vallée du Rhin avec celles de la Sarre et de la Bliese.

La petite place de Marsal sur la Verbach, est située au pied des Vosges, entre Phalsbourg et Metz, à dix lieues de la frontière et à cinq lieues au nord de Lunéville. Elle est entourée de marécages.

Sur la Lauter, qui sert de frontière à la France, sont placées Wissembourg et Lauterbourg, à six lieues de distance l'une de l'autre, et la deuxième à proximité du Rhin. Entre ces deux places se trouvent les lignes de Wissembourg, qui jouissaient autrefois d'une certaine célébrité. Il est même question de les rétablir.

La place de Strasbourg est située sur le Rhin, à douze lieues en amont de Lauterbourg. C'est une forteresse de premier ordre, qui renferme un matériel de guerre considérable. Plusieurs régiments d'artillerie et le régiment de pontonniers y tiennent garnison. Depuis la construction des fortifications de Paris et de Lyon, les arsenaux, fonderies, manufactures et magasins ne sont plus uniquement renfermés dans les places frontières. Après la perte d'une ou de deux batailles, la France courait autrefois le danger de voir tomber entre les mains de l'ennemi tout son matériel de guerre, et de ne plus avoir les ressources nécessaires pour armer les jeunes soldats.

Entre les places fortes de la frontière du nord et Paris, une armée envahissante ne trouvera pas d'autres forteresses que celles qui viennent d'être indiquées.

§ 6. — Obstacles naturels. — Cours d'eau.

Une armée d'invasion, qui a traversé la frontière française entre le Rhin et la Moselle pour marcher sur Paris, aura à passer, en fait de cours d'eau importants : la Sarre, la Moselle, la Meuse, l'Aire, l'Aisne et la Marne, si toutefois elle ne continue pas ses opérations sur la rive droite de cette rivière.

La Sarre descend du versant gauche des Vosges, au nord-ouest de Schirmeck et au nord du pic Donon, qui s'élève à 3100 pieds au-dessus de la mer. Elle se dirige vers le nord, arrose Sarrebourg, Sarrealbe, Sarreguemines, quitte le sol français, passe ensuite à Sarrebruck et Sarrelouis et se jette dans la Moselle, en amont de Trèves.

La Sarre ne forme une ligne de défense que contre les opérations d'une armée qui partirait de la vallée du Rhin, passerait les Vosges pour se diriger ensuite sur Metz et Nancy. Mais si l'armée d'invasion partait de la Prusse rhénane, elle pourrait déjà passer la Moselle et la Sarre sur le territoire allemand, tourner les places de Thionville et de Metz et choisir pour ligne d'opérations Luxembourg, Vouziers et Reims, ou bien se diriger de Luxembourg sur Verdun et sur Châlons-sur-Marne.

Les opérations de cette armée devront être appuyées par celles d'une autre armée, qui partirait de la vallée du Rhin, bloquerait Strasbourg et se dirigerait sur Nancy.

Pour s'opposer à ces invasions, les ingénieurs français ont proposé de compléter le système de défense formé de Thionville, Metz et Bitche, par la création d'un camp retranché, pour un petit corps d'armée, autour de Marsal, où se croisent les routes de Metz à Strasbourg et de Bitche à Nancy.

La Moselle prend sa source au col de Bussang, au nord du ballon d'Alsace et au point où la route de Bâle à Mulhouse, Thann et Nancy traverse les Vosges.

Elle coule d'abord au nord-ouest, passe à Épinal et à Toul, prend ensuite une direction nord-est jusqu'à Frouard, où elle reçoit la Meurthe. De là elle se dirige vers le nord, passe à Metz, Thionville et Sierck, quitte le territoire français, arrose Trèves et prend de nouveau une direction nord-est jusqu'à Coblentz, où elle se jette dans le Rhin après un cours de quatre-vingts lieues de longueur.

A Toul, elle a cent pas de largeur, deux cents à Metz (après avoir reçu la Meurthe) et de quatre à six cents à partir de Trèves. En amont de Toul, elle devient navigable.

La Meuse prend sa source à trois lieues au nord-est du plateau de Langres, duquel descendent de nombreuses rivières coulant dans toutes les directions. Elle se dirige d'abord au nord jusqu'à Commercy, puis au nord-ouest jusqu'à Rocroy ; elle entre ensuite en Belgique, et passe à Namur après avoir pris de nouveau une direction nord.

En raison de la proximité des bassins de la Moselle et de la Marne, elle ne reçoit au commencement de son cours que très-peu d'affluents, et jusqu'à Verdun elle ne forme pas un obstacle sérieux. A Dun, elle devient un peu plus large ; mais ce n'est qu'à Sedan qu'elle reçoit un affluent d'une certaine importance, c'est-à-dire la Chiers qui passe à Longwy. Dans ces environs, la vallée de la Meuse est étroite et très-encaissée ; entre Bourmont et Neufchâteau, elle est également étroite, mais les hauteurs qui la dominent sont peu considérables. Partout ailleurs elle est large, et entre Stenay et Verdun le pays est tout à fait plat.

Outre les cours d'eau qui viennent d'être indiqués, l'armée d'invasion, qui part de la vallée du Rhin, aura à traverser la chaîne des Vosges entre le Rhin et la Bliese, et la forêt de l'Argonne entre la Meuse et l'Aisne.

Voici les lignes d'opération que peut suivre une armée allemande qui traverse la frontière du nord-est entre la Moselle et les Vosges pour se diriger sur Paris :

α. De Trèves par Luxembourg, Longwy, Vouziers à Reims ou Châlons-sur-Marne ;

β. De la Sarre à la Meuse et à la Marne ;

γ. Des Vosges par Phalzbourg.

A. — Ligne d'opérations d'une armée partant de Luxembourg et se dirigeant sur Paris par Reims ou par Châlons-sur-Marne.

§ 7. — Direction générale de la ligne d'opérations.

Des différentes lignes d'opérations qu'une armée allemande pourrait suivre pour s'avancer de la frontière du Nord sur Paris, celle qui part de Luxembourg et traverse les Ardennes est incontestablement la plus courte. Cela suppose, bien entendu, que la ligne qui part'de la Belgique, et qui serait aussi rapide que décisive, lui soit interdite.

La ligne d'opérations des Ardennes a en outre l'avantage de contrarier une armée française qui voudrait opérer le long de la vallée du Rhin en menaçant ses derrières. Mais un corps d'armée français qui aurait pénétré en Belgique pour se diriger vers la Meuse et le Rhin, inquiéterait également le flanc droit et les derrières de cette armée allemande.

Abstraction faite de l'accroissement de puissance qui en résulterait pour la France, ces conditions stratégiques seules lui font déjà attendre ou chercher une occasion de rentrer en possession de la Belgique et des provinces de la rive gauche du Rhin. Ces dernières seules ne lui donneraient pas de frontières sérieuses à l'ouest de la Moselle.

Par la séparation de la Belgique et de la Hollande après la révolution de 1830, la partie la plus vulnérable des frontières de la France est fermée à une invasion ennemie, tant que la Belgique aura conservé sa neutralité. Luxembourg est maintenant la place la plus à l'ouest par laquelle une armée allemande pourra pénétrer en France en traversant la frontière du Nord ; elle sera donc obligée de traverser les défilés des Ardennes et ceux de la forêt de l'Argonne, opération aussi pénible que dangereuse. Mais en revanche, dès qu'elle se sera rendu maîtresse de ces défilés, elle pénétrera en Champagne, et ne rencontrera plus de places fortes dans sa marche sur Paris.

L'armée allemande, réunie à Luxembourg (1), pourra se diriger sur Esch, située sur la frontière, suivre la vallée de l'Alzette, et arriver à Longuyon en passant par Tiercelet. Elle laissera ainsi sur sa droite Longwy qui ferme la route de Paris et la vallée de la Chiers, et se bornera à y envoyer un corps d'observation ou à le faire bloquer. A partir de Longuyon, l'armée pourra reprendre la route de Luxembourg à Paris. Un corps spécial devra bloquer Thionville et Metz, pendant que l'armée d'invasion se dirigera vers la Meuse en marchant sur Dun ou Verdun.

Le chemin le plus court pour arriver à Paris passe par Dun, Vouziers et Reims : en le suivant, on n'est pas obligé d'effectuer le passage de la Marne.

En passant par Verdun, on atteint la Marne en suivant la grande route de Châlons. On peut ensuite marcher le long de la rive droite de cette rivière, ou bien la traverser pour s'avancer sur Paris entre la vallée de la Marne et celle de la Seine.

§ 8. — Marche sur Paris par Reims.

Pour arriver à Dun, situé sur la rive droite de la Meuse, l'armée suivra, à partir de Longuyon, un chemin vicinal qui conduit à Marville sur l'Othain, puis à Jametz (où l'on trouve un pont sur la Loison), et passe par la forêt de Wevre. Si le pont de Dun était détruit,

---

(1) En parlant des différentes lignes d'opérations des armées envahissantes, nous nous bornerons à signaler les avantages ou les inconvénients que présente le terrain, sans tenir compte des rencontres qui pourraient avoir lieu le long de ces lignes.

on en jetterait un autre en aval de cette ville : les hauteurs de la rive droite y sont en effet dominantes, et la Meuse n'y a que cent vingt-cinq pas de largeur. Pour induire le défenseur en erreur sur le point de passage choisi, le gros de l'armée marcherait de Longuyon sur Verdun, et simulerait un passage de rivière en aval de cette place, tandis que le corps d'armée qui opère sur la droite s'emparerait des ponts de Dun, Velosnes et Consenvoye (à sept, cinq et quatre lieues en aval de Verdun), on en jetterait d'autres sur lesquels passerait l'armée tout entière pour marcher ensuite soit sur Reims, soit sur Châlons-sur-Marne. Ces deux lignes d'opérations passent à travers la forêt de l'Argonne ; mais en suivant la première, on n'aura qu'à traverser l'Aisne, tandis que sur la seconde il faut opérer le passage de l'Aire et de la Marne en tournant Verdun et en passant par Varennes, Clermont et Sainte-Menehould, pour regagner la grande route de Châlons. On choisira donc en principe la première de ces lignes.

En partant de Dun, on rencontre à Buzancy les routes de Montmédy à Vouziers et à Reims. La forêt de Boult sépare Buzancy de Vouziers : rien n'est plus facile que de la tourner au sud par Grand-Pré et la vallée de l'Aire, ou au nord par Quatre-Champs et Ballay.

Si le défenseur a fait sauter les ponts de l'Aisne établis à Vouziers et à Falaise, il sera bien facile d'en jeter d'autres, puisque les hauteurs de la rive droite dominent celles de la rive gauche.

De Vouziers à Reims, le pays est découvert et lé-

gèrement ondulé. Il est traversé dans la direction nord-
ouest par deux affluents de l'Aisne : la Suippe et la
Vesle.

La Vesle, qui passe à Reims, prend sa source au
nord de Châlons-sur-Marne et forme une vallée dont la
largeur varie de neuf cents à treize cents pas. En aval
de Reims, les hauteurs qui bordent la vallée deviennent escarpées ; en amont de cette ville, elles sont
au contraire à pentes douces.

Le camp de Châlons, qui peut contenir plusieurs
divisions d'infanterie, est placé entre Reims et Châlons, ou mieux entre le Mourmelon et la route de Châlons à Vouziers. Un chemin de fer le relie à la ville de
Châlons.

De nombreux chemins de fer permettront de transporter rapidement à la frontière du nord et du nord-
est les troupes du camp, qui est admirablement dis-
posé pour observer et les frontières et l'intérieur de la
France, principalement Paris.

En suivant la route de Reims à Dormans, on arrive
à la Marne; mais on peut également se diriger sur
Paris en prenant la route de Soissons.

Un camp retranché établi autour de cette ville aurait
pour effet d'arrêter la marche d'une armée d'invasion qui chercherait à avancer sur l'une ou l'autre
rive de la Marne, de menacer ses flancs et de dominer
tous les points de passage de la Marne compris entre
Épernay et Paris.

Si une autre armée, ayant sa réserve à Paris, se
présentait de front entre la Marne et la Seine, l'armée

d'invasion ne dépasserait peut-être pas la ligne Sézanne-Épernay-Reims.

Une armée d'invasion, venant de la Belgique, faciliterait la marche de la première et aurait en général une influence décisive sur les opérations des armées de la Moselle et du Rhin.

§ 9. — Marche sur Paris par Châlons-sur-Marne.

L'armée d'invasion peut encore atteindre la vallée de la Meuse, en suivant la grande route de Longuyon à Verdun qui passe par Etain, ou bien en prenant le chemin de grande communication qui réunit ces deux villes et qui passe à Marchiennes.

En amont de Verdun, les hauteurs qui dominent la vallée de la Meuse sont escarpées et boisées ; l'armée cherchera donc à opérer le passage de la rivière en aval de cette place. Aux villages de Bras, Vacherauville et Samogneux, situés en aval de Verdun et à des distances qui varient de trois quarts à deux lieues et demie, la Meuse forme vers la rive droite des rentrants, qui favorisent l'établissement des ponts nécessaires à l'exécution du passage de la rivière. A Clermont, on rejoint la grande route de Verdun à Châlons.

On ne peut guère compter sur une défense sérieuse de la vallée de la Meuse. Ce fleuve est, en effet, peu large, présente de nombreux points de passage, et il est surtout tout à fait impossible à la défense de disposer ses troupes sur le terrain montagneux et boisé que l'on rencontre à une certaine distance de la rive gauche, de telle façon qu'elles puissent déboucher en temps utile et en nombre suffisant, aux points de passage choisis par l'ennemi. De plus, de nombreuses petites vallées, débouchant dans celle de la Meuse à Dun, Lissy, Sivry, Consenvoye, Samogneux, Vacherauville et Bras, permettent à l'attaquant d'y arriver à couvert et de laisser le défenseur dans la plus grande incertitude sur le point de passage choisi.

Après la Meuse, on rencontre sur cette ligne d'opérations l'Aire et l'Aisne, cours d'eau de peu d'importance, mais entre lesquels s'étend la forêt de l'Argonne qui est traversée par la route de Verdun à Châlons.

L'Aire se jette dans l'Aisne à l'ouest de Grandpré. Le passage de ces deux rivières n'offre pas la moindre difficulté; les ponts existants sont nombreux.

Entre Clermont et Sainte-Menehould, il faut traverser la forêt de l'Argonne sur une longueur de trois lieues. Des défenses artificielles peuvent être employées avec succès dans ces défilés étroits et pourront permettre à un faible corps d'armée d'arrêter dans sa marche une armée entière. Ces défilés peuvent toutefois être tournés à deux lieues au sud de Clermont. Aussi l'attaquant prendra-t-il le parti de laisser un corps suffisamment considérable à Clermont et devant l'entrée du défilé, tandis que le reste de l'armée remontera la vallée de l'Aire, de 18 kilomètres environ, jusqu'à Brizeaux, si toutefois on ne s'est pas dirigé sur ce point immédiatement après avoir effectué le passage de la Meuse. On passera ensuite l'Aisne et l'on remontera le long de cette rivière jusqu'à Sainte-

Menehould. L'attaquant perd ainsi, il est vrai, une journée entière et peut-être davantage, puisqu'il lui faudra parcourir une route de plus de sept lieues de longueur. Les troupes de la défense en profiteront pour gagner Châlons-sur-Marne et s'y retrancheront, car le pays en arrière est découvert et ne se prête pas à une bonne défense.

Entre Sainte-Menehould et Châlons, l'armée ne rencontre d'autre obstacle que la Vesle dont le passage sera facile à effectuer. Mais il n'en sera pas de même de celui de la Marne; l'armée y rencontrera des difficultés de toute nature. En amont de Saint-Dizier, la largeur de la vallée varie de 400 à 1200 pas, mais à partir de cette ville les hauteurs de la rive droite s'écartent notablement du lit de la rivière et en sont séparées par un terrain légèrement ondulé jusqu'en amont d'Épernay ; sur la rive gauche, jusqu'à Vitry, les hauteurs se raccordent avec la rivière par des pentes de plus en plus douces et entre Vitry et Épernay le terrain est également légèrement ondulé. Entre Épernay et la Ferté-sous-Jouarre, la largeur de la vallée varie de 900 à 2500 pas, et elle est accompagnée de hauteurs escarpées. A partir de cette ville, les hauteurs s'en écartent alternativement sur la rive droite et sur la rive gauche.

Après le passage de l'Aisne au village de Pont-aux-Vendanges, une partie de l'armée pourra suivre le chemin communal appelé le Chemin de la Serre, qui passe par Saint-Amand (au nord de Vitry), pour tenter le passage de la Marne entre Vitry-le-Français

et Châlons. A Vésigneul, Pogny, la Chaussée en Sou-
langes, cette rivière forme des rentrants qui sont de
nature à faciliter cette opération. Le reste de l'armée
ferait une démonstration contre Châlons, mais ne
chercherait pas à s'en emparer si elle avait à vaincre
une résistance opiniâtre. Pour diviser les forces de la
défense, on ferait en plusieurs endroits des préparatifs
sérieux au point de vue d'un passage de rivière, et
l'on jetterait un pont au point où les circonstances seraient momentanément les plus favorables.

Si l'armée d'invasion est considérable, elle sera peut-
être obligée, après le passage de la Meuse et de
l'Aisne, d'opérer simultanément contre Reims et contre
Châlons. Mais après le passage de l'Aisne, toutes les
forces seraient dirigées contre Reims.

§ 10. — Défense de la Marne entre Vitry-le-Français et Épernay,
distants de quatorze lieues.

Le chemin de fer de la vallée de la Marne suit la
rive gauche de cette rivière, depuis Nogent-l'Artaud
(entre la Ferté-sous-Jouarre et Château-Thierry) jusqu'à Vitry-le-Français, et la rive droite depuis Vitry
jusqu'à Joinville.

La grande route de Paris à Strasbourg suit égale-
ment la rive droite de la Marne entre Saint-Dizier et
Châlons, et la rive gauche entre Châlons, Épernay et
Château-Thierry.

Enfin, entre Épernay et Vitry-le-Français, la Marne
est en outre accompagnée sur sa rive droite par le

canal de la Marne au Rhin, qui se jette dans ce fleuve près de Strasbourg.

Entre Vitry et Épernay, la largeur de la Marne est de cent vingt-cinq pas.

La ville de Châlons, où se croisent les routes de Verdun et de Vouziers, est entourée d'un mur d'enceinte et d'ouvrages terrassés, dont les abords peuvent être inondés (1). Elle est donc capable d'une forte résistance et l'on ne peut songer à opérer le passage de la Marne dans la sphère d'action de cette place, tant qu'elle restera entre les mains de la défense.

Cette opération pourrait même échouer sur tout le parcours de la Marne compris entre Vitry et Épernay, si la défense occupe par des forces suffisantes les différents points de passage, ainsi que les villages de Bergères-les-Vertus et Sommesous, où se croisent, d'une part, les routes qui conduisent à Épernay et Châlons et, d'autre part, celles qui mènent à Châlons et à Vitry.

Le télégraphe électrique et des signaux de toute nature mettront rapidement les défenseurs établis le long de la Marne, ainsi que les réserves de ces troupes, au courant des mouvements de l'ennemi, et l'on pourra disposer de toutes ses forces au point où l'ennemi tenterait une attaque.

Tous les moyens de transports devront être détruits ou rassemblés sur la rive gauche de la rivière, et l'on établira d'avance les dispositifs nécessaires pour faire

_____

(1) Châlons n'est plus fortifié : il a été déclassé.

sauter les ponts existants. On surveillera de près la marche de l'ennemi au moyen de reconnaissances faites sur la rive droite pendant la nuit, et pendant le jour par l'installation de postes d'observation au sommet des clochers.

Épernay situé sur la rive gauche, Châlons et Vitry sur la rive droite de la Marne, devront recevoir des garnisons de 3000 à 5000 hommes dont on pourra au besoin disposer pour envoyer par la voie ferrée des renforts au point où l'ennemi tenterait d'opérer le passage de la rivière.

Entre Châlons et Épernay, on rencontre sur la rive droite de la Marne les villages de Mareuil, de Tours et de Condé, et sur la rive gauche le village d'Aulnay. Les deux premiers possèdent des ponts, les deux derniers des bacs.

Entre Châlons et Vitry sont situés sur la rive gauche les villages de Mairy, Songy et Loisy, et sur la rive droite le village de Pogny qui possède un pont.

Tous ces villages devront recevoir des garnisons variant de 500 à 2000 hommes, suivant leur importance et la facilité avec laquelle ils pourront être défendus. Dans tous les cas, la garnison des villages de la rive droite qui possèdent des ponts ne doit pas être inférieure à 1500 hommes.

L'occupation des villes et des villages qui viennent d'être cités exigera environ 20 000 hommes. Châlons, situé au centre de la portion de la rivière qu'il s'agit de défendre, est à sept lieues de distance de Vitry et d'Épernay. En moins d'une heure, on pourra donc transporter par le chemin de fer environ 5000 hommes et une batterie d'artillerie d'une extrémité à l'autre de chacune de ces lignes. Pendant ce temps, l'ennemi pourra jeter un pont sur le canal de la rive droite, et transporter par ses propres bateaux environ 1500 hommes de la rive droite sur la rive gauche de la Marne. Mais quel que soit le point de passage qu'il ait choisi, il sera toujours possible, grâce au chemin de fer, de lui opposer sur cette rive des forces supérieures.

L'armée d'invasion pourrait également prendre le parti d'attaquer fortement un des villages de la rive droite qui servent de têtes de pont. Si les troupes établies sur la rive gauche ne pouvaient pas soutenir d'une façon efficace les défenseurs de ce village, ces derniers se retireraient en ayant soin de faire sauter le pont dès qu'ils auraient atteints la rive gauche de la Marne.

Pour compléter les dispositions défensives, on pourrait encore établir des troupes de soutien composées de quelques milliers d'hommes au centre des distances qui séparent Épernay, Châlons et Vitry, et dans les villages de Vésigneul, Cernon, Thibie, Champigneul et Vinay, distants d'une à deux lieues de la ligne de défense. Quand on songe que des troupes fraîches pourront en outre être amenées rapidement de Paris par le chemin de fer, on conviendra que l'opération du passage de la Marne a peu de chances de réussite.

Les réserves des troupes de la ligne de défense appuieront leur aile droite à Sommesous, situé sur la grande route de Paris, et leur aile gauche à Bergères-les-Vertus. Ces deux points, de cinq à six lieues de distance de la Marne, sont en communication avec Épernay, Châlons et Vitry et les villages intermédiaires par des chemins très-praticables.

Grâce à ces dispositions, la retraite des troupes placées en première ligne sera assurée jusqu'à Paris, s'il n'était pas possible ou si l'on ne jugeait pas convenable de les y transporter par le chemin de fer.

Nous avons déjà dit que si l'attaque parvenait à faire passer 1500 hommes de la rive droite sur la rive gauche de la Marne, la défense pourra toujours et au premier moment lui opposer des forces supérieures. Mais il ne faut pas oublier que, dans une opération de cette nature, le combat d'artillerie jouera un grand rôle, et aura une influence décisive sur la réussite du passage de rivière. De prime abord, l'artillerie de l'attaque, qui a pris toutes ses dispositions pour soutenir ce combat, aura probablement la supériorité sur celle de la défense. Mais le chemin de fer permettra de réunir en peu de temps au point de passage un matériel d'artillerie plus considérable que celui de l'attaque.

A peine l'action sera-t-elle commencée, que quelques milliers d'hommes, stationnés le long de la ligne ferrée, seront réunis à proximité du point de passage, et en moins de deux ou trois heures, c'est-à-dire en moins de temps qu'il n'en faudra pour achever le pont ; ce chiffre pourra être élevé au moins à 10 000 hommes.

Trois ou quatre heures après, une partie des troupes de soutien et des réserves y seront également rendues.

De cette façon, la défense pourra disposer de 25 à 30 000 hommes, en supposant que ses forces s'élèvent à 60 000 hommes dont 20 000 sont placés en première ligne sur la rive gauche de la Marne et 40 000 forment les troupes de soutien et les réserves. Aussi le passage de la Marne par l'armée ennemie, s'il est seulement possible, constituera-t-il une opération des plus périlleuses. Même après la réussite, la défense qui trouvera des points d'appui admirables dans les nombreux villages de la rive gauche, pourra encore arrêter l'ennemi et lui faire perdre beaucoup de monde.

La résistance de la défense pourrait être brisée par l'action combinée de trois armées venant de la Moselle, de la Sarre et du Haut-Rhin, qui auraient pénétré toutes trois dans la vallée de la Marne et surtout par l'intervention d'une armée venant de la Belgique.

§ 11. — Marche depuis la Marne jusqu'à Paris.

En aval d'Épernay, la vallée est dominée par des hauteurs escarpées et n'a que de 900 à 2500 pas de largeur. Elle ne se prête donc pas au développement de forces considérables. D'un autre côté, la défense peut facilement y créer des obstacles pour arrêter la marche d'une armée, et elle a en outre la ligne du chemin de fer à sa disposition.

Après le passage de la Marne entre Vitry-le-Français et Epernay, l'attaquant ne laissera donc qu'un corps très-faible dans cette vallée et dirigera le gros de l'armée sur la route de Paris par Champaubert, Montmirail et la Ferté-sous-Jouarre, situés au confluent du petit

3

Morin et de la Marne. Il n'aura aucun cours d'eau important à franchir sur cette route.

A Coulommiers, aux environs de la Ferté-sous-Jouarre, la seconde armée pourra faire sa jonction avec la première, ou bien si celle-ci suit la rive droite de la Marne, ce sera la troisième armée qui pourra alors se réunir à la seconde.

L'attaque du camp retranché de Paris (voyez § 32) aura lieu par le côté nord-est qui est le plus faible. Il en résulte que si la première armée n'est pas restée sur la rive droite de la Marne en quittant Reims ou après s'être emparée de Châlons, elle devra de nouveau s'y transporter.

Le point de passage pourra être Trilport ou tout autre. La seconde armée la suivra dans ce mouvement.

B. — **Ligne d'opérations d'une armée partant de la Sarre et se dirigeant sur Paris par la Meuse et la Marne.**

§ 12. — Obstacles à la marche.

Une armée qui part de la vallée de la Sarre pour marcher sur Paris peut suivre différentes directions. Quelle que soit celle qu'elle choisira, elle aura toujours à parcourir un terrain plus difficile et une route plus longue qu'une autre armée qui partirait de Luxembourg. Elle rencontrera devant elle Thionville, Metz et Verdun, sur son flanc gauche les places de second ordre Bitche, Marsal et Toul, et en seconde ligne, dans les Vosges, les petites places de Lichtenberg, Petite-Pierre et Phalsbourg. Elle se trouvera même dans la sphère d'action de la grande place de Strasbourg.

Avant d'arriver à la Meuse, cette armée aura à passer la Sarre, la Moselle et leurs affluents, et à traverser la forêt de l'Argonne.

Lignes d'opérations (1).

L'armée d'invasion, réunie entre les Vosges et la Sarre, passera déjà cette rivière sur le territoire allemand et elle peut suivre différentes routes pour arriver à Paris, à savoir :

a. La route de Sarrelouis à Verdun par Thionville.

b. La route impériale de Sarrebruck à Verdun par Metz.

c. La route de Sarreguemines à Nancy.

d. La route de Sarreguemines à Bar-le-Duc par Pont-à-Mousson.

e. La route de Sarreguemines à Custines (sur la Moselle) par Sarralbe, Sarre-Union, Fenestrange et Marsal.

a. *Route de Sarrelouis à Verdun par Thionville.*— Le pont de Thionville est le seul qui soit établi sur la Moselle entre Metz et la frontière. La première opération de l'armée d'invasion, après le passage de la Nied, sera donc de jeter un pont sur la Moselle en dehors de la sphère d'action de la place de Thionville. En l'éta-

(1) Pour l'intelligence du texte on pourra consulter la carte de France pour le service du génie militaire.

blissant en aval de cette ville, on s'éloignerait trop de la ligne d'opérations : on est donc tout naturellement conduit à effectuer le passage de la Moselle entre les places de Thionville et de Metz, pour rejoindre ensuite la route de Verdun passant par Briey et Étain.

Entre ces deux places, la largeur de la Moselle est de 250 pas. Imeldange et Blettange, en amont de Thionville, et Malroy et Argancy, en aval de Metz et distants de ces places d'une à deux lieues, sont des points de passage favorables. Mais les chemins de traverse, qui donnent accès à ces villages, sont très-difficiles et passent, en outre, à travers des forêts qu'on ne saurait tourner. Des défilés de même nature se présentent également sur la rive gauche de la Moselle, avant qu'on atteigne la route de Verdun.

L'établissement des ponts est favorisé, il est vrai, par les circonstances locales. Les hauteurs de la rive droite sont à une petite distance de la Moselle et se raccordent avec elle par des pentes douces, tandis que celles de la rive gauche sont escarpées et en sont éloignées environ d'une lieue, depuis Thionville jusqu'au point situé à quatre lieues en aval de Metz. Mais, d'un autre côté, le défenseur a l'avantage d'avoir à sa disposition un chemin de fer qui lui permettra de masser ses forces en tel point qu'il jugera convenable.

Les indications qui ont été données à l'occasion du passage de la Marne (§ 10) trouveront encore leur application ici.

Une armée défensive suffisamment forte, établie le long de la rive gauche de la Moselle, empêchera donc toute tentative de passage, à moins qu'elle n'ait à craindre une attaque sur son flanc ou sur ses derrières par une armée allemande qui se serait avancée de Luxembourg vers la Meuse.

Après le passage de la Moselle, l'armée d'invasion devra diriger ses opérations de façon à ne pas gêner les mouvements de l'armée qui s'est avancée de Luxembourg vers la Meuse. Entre Verdun et Saint-Mihiel, il n'y a pas de routes qui conduisent dans la vallée de la Marne; la deuxième armée aura donc à se diriger soit sur l'une, soit sur l'autre de ces villes. Mais avant d'atteindre les routes qui partent de ces deux points, elle sera obligée de faire de grands détours à travers les défilés des forêts qui se trouvent sur la rive gauche de la Moselle. Aussi la ligne d'opérations, passant au nord de Metz, que nous venons d'examiner, n'est-elle pas favorable à une invasion.

b. *Route impériale de Sarrebruck à Verdun par Metz.* — La place de Metz est à 18 lieues de Sarrebruck. De la frontière française à Rosbruck, sur la Rosselle, la route impériale traverse un pays montagneux et boisé. A partir de Rosbruck, elle suit, sur une longueur de 5 lieues, la vallée de la Rosselle et aboutit à Longeville, après avoir passé à Saint-Avold. Cette vallée forme un défilé extrêmement resserré, de sorte que tous les mouvements de troupes devront s'effectuer sur la route même. Les approches de Longeville sont, en outre, admirablement défendues par des hauteurs qui règnent de chaque côté et derrière cette ville. A partir de Saint-Avold, on pourrait bien prendre la route de Lunéville par Dieuze et Marsal, mais on s'écarterait ainsi beaucoup trop de l'aile droite de l'armée.

Au sud de Longeville, on trouve une route qui rejoint à Marsal la route de Metz à Strasbourg ; elle traverse ensuite un pays montagneux et aboutit à Lunéville sur la grande route de Paris.

De Longeville à Metz, la route impériale traverse un pays peu accidenté, coupé seulement par la Nied allemande et la Nied française qui se réunissent au nord de cette route et se jettent dans la Sarre en aval de Sarrelouis. Leur passage ne présente aucune difficulté.

Cette route serait donc avantageuse à une armée d'invasion si elle n'aboutissait pas à Metz où la Moselle est dominée sur la rive gauche par des hauteurs escarpées et très-rapprochées du lit de la rivière. A une lieue en amont de Metz, ces hauteurs existent également ment sur la rive droite. Aussi le passage de cette rivière aux environs de cette place forte présenterait-il les plus grandes difficultés.

La défense n'aurait qu'à se féliciter de voir une armée allemande suivre cette ligne d'opérations, car elle a encore l'avantage d'avoir à sa disposition la ligne ferrée de Metz à Sarrebruck et peut dominer ainsi tout le pays compris entre la Moselle et la Sarre.

Si l'armée d'invasion prenait le parti d'adopter une ligne d'opérations dirigée au sud de la première, afin de forcer la défense à abandonner les fortes positions qu'elle occupe sur la route de Sarrebruck à Metz, elle

serait dans l'obligation de faire investir Metz et Thionville par des corps d'armée spéciaux.

Tout le système de défense de la frontière du nord
et de l'est, surtout dans la partie comprise entre la
Moselle et le Rhin, aura encore plus de valeur, après
l'achèvement complet de la voie ferrée qui doit réunir
entre elles toutes les places fortes situées le long de
ces frontières.

c. *Route de Sarreguemines à Nancy.* — Pour marcher sur Sarreguemines, on peut suivre la rive droite
ou la rive gauche de la Sarre, en partant soit de Hombourg, soit de Sarrebruck.

A partir de Sarreguemines, l'armée d'invasion a
encore deux routes devant elle. Elle peut remonter la
vallée de la Sarre et passer par Sarralbe, Sarre-
Union, Fenestrange et Marsal, ou bien elle peut se
diriger sur Nancy par Puttelange et Château-Salins.

Cette armée pourrait bien se croiser à Nancy avec
celle de la vallée du Rhin, qui suivrait la grande route
de Paris en passant par Phalsbourg. Cette route
devra donc rester libre, à moins que l'armée du Rhin
ne se soit dirigée sur Raon–l'Étape en passant par
Schirmeck après avoir investi la place de Strasbourg.
Mais on ne peut guère admettre qu'une armée de cette
importance s'engage dans de pareils défilés : aussi
l'armée de la Sarre devra-t-elle en principe suivre
une autre direction que celle de Nancy.

d. *Route de Sarreguemines à Bar-le-Duc par
Pont-à-Mousson.* — Pour suivre cette ligne d'opérations, on se dirigera de Sarreguemines à Château-

Salins en passant par Puttelange et de là vers la Seille, Pont-à-Mousson, Bar-le-Duc, etc. Un corps d'armée de droite bloquerait les places de la Moselle. Marsal devra être bloqué par un autre corps opérant sur le flanc gauche de l'armée.

De Sarreguemines à Puttelange, le terrain est boisé; de Puttelange à Pont-à-Mousson, il est presque découvert. A Puttelange, on trouve une bonne position défensive derrière la Moderbach : la route de Saint-Avold à Sarralbe passe en effet à Puttelange et suit la vallée de ce ruisseau.

D'autres positions défensives existent entre Puttelange et Baronville où se croisent les routes de Saint-Avold, Metz, Nancy et Sarreguemines, et qui n'est qu'à deux lieues de distance de la voie ferrée de Metz à Sarrebruck. On peut citer particulièrement la lisière de la forêt entre Puttelange et Saint-Jean-Rorbach, le village de Hellimer et la position qui se trouve entre ce village et Baronville. Ce dernier est situé sur une hauteur de laquelle descendent la Nied française, l'Albe et la Seille. C'est une excellente position pour un camp important, qui permettrait à une armée de prendre l'offensive dans toutes les directions.

De Baronville à Château-Salins, la route suit, sur une longueur de quatre lieues, les flancs escarpés d'une série de montagnes. De Château-Salins (par lequel passe la route de Metz à Strasbourg) jusqu'à la vallée de la Moselle, les montagnes cessent d'être escarpées.

Pour arriver à Pont-à-Mousson, l'armée suivra

d'abord, sur deux lieues de longueur, la route de Château-Salins à Metz et se dirigera ensuite sur des chemins vicinaux, qui traversent Lémoncourt et Aulnois-sur-Seille, vers la route de Nancy à Pont-à-Mousson passant par Nomény. Le chemin de traverse qui passe par Aulnois a quatre lieues de longueur.

La défense trouvera encore d'excellentes positions pour s'opposer à la marche de l'armée depuis Château-Salins jusqu'à Pont-à-Mousson, distants de huit lieues. Nous citerons en particulier la position derrière Aulnois pour défendre le passage de la Seille et celles qu'offrent les hauteurs boisées entre la Seille et la Moselle.

Pont-à-Mousson est placé à cheval sur la Moselle dont la largeur est ici de 200 pas : un pont fait communiquer les deux parties de la ville. Des hauteurs escarpées longent la vallée de ce cours d'eau, dont la largeur varie de 1400 à 2600 pas. Le passage de la rivière sur le pont existant ou sur un pont qu'on chercherait à jeter dans les environs présente une opération des plus difficiles. Ici encore la défense peut disposer d'une voie ferrée qui longe la rive gauche.

Des difficultés semblables se présentent pour l'attaque dans toute la vallée de la Moselle à partir de Toul. Depuis sa source jusqu'à Épinal, cette rivière est accompagnée de rochers escarpés. D'Épinal à Metz, la vallée devient large, mais les hauteurs qui la dominent restent escarpées. Entre Metz et Thionville, les hauteurs de la rive gauche s'éloignent du lit de la rivière. Enfin, en avalde Sierck, elles sont formées de nouveau de rochers escarpés.

La montagne escarpée du Château, située sur la rive droite de la Moselle forme une position difficile à enlever si elle est bien défendue, et empêchera l'ennemi de tenter une attaque contre Pont-à-Mousson de ce côté, quoique les circonstances locales la favoriseraient.

La montagne du Facq, très-escarpée, qui sépare la vallée de la Moselle de celle de la Seille, contourne en effet la ville demi-circulairement sur la rive droite, et entre elle et la Moselle, il n'existe pas d'autres hauteurs. D'après ce que nous venons de dire, l'attaque contre la ville devra donc avoir lieu simultanément sur les deux rives. Pour passer sur la rive gauche, on pourrait jeter un pont au sud de la ville, près de la ferme Mauharel.

Pour la réussite d'une opération offensive contre la Moselle, il conviendrait de tenter simultanément l'attaque contre Pont-à-Mousson et le passage de la rivière près de Custines.

Entre Pont-à-Mousson et Saint-Mihiel, on rencontre de nouveau de bonnes positions défensives.

Près de Bouconville, situé sur la Mad, la route est entourée de forêts marécageuses, de lacs, etc. : une arrière-garde pourrait défendre cette position pendant longtemps, car il est difficile de la tourner.

A Apremont, à deux lieues de Saint-Mihiel, la route entre dans une forêt et présente également une bonne position défensive.

Saint-Mihiel, à neuf lieues de Pont-à-Mousson, est situé sur la rive droite de la Meuse, qui a 125 pas de largeur aux environs de cette ville. Un pont fait communiquer les deux rives.

Plusieurs routes se croisent à Saint-Mihiel, qui, à ce point de vue, a son importance : seulement, il est fortement dominé par des hauteurs escarpées et très-rapprochées.

La Meuse forme ici un rentrant très-prononcé vers la rive droite, qui domine en outre la rive gauche, de sorte que le défenseur ne pourra plus se tenir sur cette rive, dès que la ville sera tombée entre les mains de l'ennemi.

Si l'on ne parvenait pas à se rendre maître de Saint-Mihiel, on pourrait se servir pour passer la Meuse des deux ponts qui se trouvent en amont de la ville et de ceux des villages de Mécrin, Pont-sur-Meuse, etc.

Entre Saint-Mihiel et le village de Rupt, qui en est distant de deux lieues, il faut passer par un défilé étroit de 500 pas de longueur, qui est dominé par des hauteurs escarpées et boisées. Mais de Rupt à Bar-le-Duc, le pays est découvert et peu accidenté.

A Villotte (à trois lieues et demie de Saint-Mihiel), l'armée d'invasion aura à passer l'Aire, et à Bar-le-Duc (à sept lieues et demie de Saint-Mihiel), l'Ornain et le canal de la Marne au Rhin.

Pour marcher de Bar-le-Duc, situé sur la rive gauche de l'Ornain, sur Vitry-le-Français ou Châlons-sur-Marne, il n'est pas nécessaire de traverser l'Ornain. La route de Vitry longe, en effet, la rive droite de cette rivière, et pour gagner Châlons, on peut suivre en grande partie l'ancienne route romaine, à travers un pays découvert. Cette route est coupée par un petit ruisseau, la Chée, précédée sur sa rive droite de quelques terrains boisés. Mais comme ils peuvent être tournés facilement, la rive gauche de ce ruisseau formerait une position défensive meilleure.

Les opérations de la défense entre la Marne et la Moselle sont, en outre, favorisées par la présence du chemin de fer de Paris à Strasbourg.

De ce qui précède nous pouvons conclure : *Que la ligne d'opérations de Sarreguemines à la Marne par Pont-à-Mousson et Bar-le-Duc, de 54 à 60 lieues d'étendue, présente plus de difficultés que celle de Luxembourg à la Marne par Dun ou Stenay, qui n'a d'ailleurs que 36 lieues de longueur, et que la meilleure direction à suivre pour arriver à Paris est celle qui passe par Vouziers et Rheims.*

e. *Route de Sarreguemines à Custines (sur la Moselle) par Sarralbe, Sarre-Union, Fenestrange et Marsal.* — Deux routes distantes d'une lieue environ conduisent de Sarreguemines à Sarralbe.

L'une d'elles passe par un pays fortement boisé, traverse la Sarre à Herbitzheim et vient rejoindre la première à Keskastel, à l'ouest de Herbitzheim et situé également sur la Sarre. La route conduit ensuite à Marsal et Château-Salins (sur la petite Seille) en passant par Sarre-Union et Fenestrange.

La distance de Sarreguemines à Château-Salins est de seize lieues et celle de Château-Salins à Baronville de treize lieues. La vallée de la Sarre est séparée de celle de la Seille par des hauteurs boisées qui s'étendent de Fenestrange à Dieuze.

De Dieuze la route se dirige sur Marsal, passe au nord de cette ville et conduit à Moyenvic où se croise la route de Strasbourg à Metz avec celles qui se dirigent vers Sarrelouis, Bitche, Phalsbourg, Lunéville et Nancy.

On trouve de bonnes positions défensives entre Hambach et Woustwiller, à Sarralbe, derrière la Sarre et l'Albe, et à Sarre-Union. Mais jusqu'à Sarre-Union la vallée de la Sarre est large et ne forme pas un obstacle sérieux. A partir de cette ville, elle se resserre de plus en plus et elle est dominée par des hauteurs boisées, mais pas très-escarpées. Aussi Fenestrange, qui se trouve à l'extrémité de ce défilé, forme-t-il une excellente position défensive, où une arrière-garde peut résister avec succès.

De Fenestrange à Dieuze, on rencontre de nombreux étangs, dont les eaux se déversent dans la Seille et qui augmentent la valeur défensive des environs de Marsal. Un camp retranché qui serait établi autour de cette place forte, ne pourrait-il contenir qu'un petit corps d'armée, dominerait admirablement la position de Moyenvic et menacerait les communications d'une armée qui marcherait sur Nancy ou Pont-à-Mousson, si l'on n'a pas eu soin de le faire investir par un corps d'observation spécial. Ce camp retranché pourra du reste n'être créé qu'au moment même de la guerre, comme cela a eu lieu pour plusieurs places fortes pendant la guerre d'Orient de 1853-1856.

Marsal ferme la vallée de la Seille. Les hauteurs
avoisinantes des deux rives peuvent être fortifiées de
façon à dominer Moyenvic où se croisent de nombreuses routes : un corps de dix à quinze mille
hommes, établi dans cette position, pourrait arrêter
pendant longtemps toute l'armée d'invasion. Sans
camp retranché, la petite place de Marsal n'a que peu
d'importance. Le corps d'observation que l'armée
ennemie, arrivée à Château-Salins, enverrait à Moyenvic, suffirait pour s'opposer aux opérations offensives
de la garnison de la place.

Un petit corps d'armée, composé d'une division
d'infanterie accompagnée d'artillerie de campagne et
munie d'un équipage de pont, pourrait opérer à partir
de Dieuze sur la gauche de l'armée et essayer de pénétrer dans la vallée de la Seille, en tournant Marsal. Il
quitterait cette vallée à Leyr et passerait sur des chemins très-praticables dans celle de la Mauchère, qui n'a
que deux lieues de longueur, pour arriver à Custines
situé sur la Moselle, en amont du confluent de la
Meurthe.

On trouve ici un emplacement on ne peut plus
favorable pour exécuter un passage de rivière.

Ce petit corps devra avoir ses communications
assurées avec l'armée principale et ne s'en éloi-
gnera jamais à plus d'une ou de deux lieues. Cette
diversion facilitera beaucoup à l'armée principale le
passage de la Moselle à Pont-à-Mousson, surtout si elle
est couronnée de succès. Sur la rive gauche de la
Moselle, on trouve, en face de Custines, deux routes :

l'une suit le chemin de fer et va à Pout-à-Mousson et
l'autre va rejoindre à Beaumont la route de Pont-
à-Mousson à Bar-le-Duc.

La possession de la forêt de l'Avant-Garde, qui
s'étend sur les hauteurs de la rive gauche, est une
condition indispensable pour l'exécution du passage
de rivière à Custines.

Millery et Dieulouard sont également des points
de passage favorables. Ce dernier est sur la rive
gauche de la Moselle : les abords de la rive droite en
sont difficiles, mais en revanche il n'existe pas de
hauteurs sur la rive gauche.

Le petit corps qui a effectué le passage de la Moselle à Custines pourra ensuite être dirigé sur Beaumont et être employé à tourner les positions défensives de Bouconville et d'Apremont situées sur la
route de Saint-Mihiel, afin de faciliter ensuite à l'armée le passage de la Meuse.

C. — **Ligne d'opérations d'une armée partant de la vallée
du Rhin pour se diriger sur Paris en traversant les Vosges.**

§ 13. — Obstacles à la marche. — Passage des Vosges.

Les places fortes allemandes du Rhin forment la
base d'opérations d'une armée qui part de la vallée du
Rhin pour se diriger sur Sarrebourg en passant les
Vosges.

Cette armée peut déjà opérer le passage des Vosges
en pays allemand, par exemple la vallée d'Anweiler,
près de Landau, — ou bien elle peut marcher sur

Wissembourg et Strasbourg pour diriger ensuite ses opérations vers la Marne en passant les Vosges.

Les crêtes de cette chaîne de montagnes sont boisées et les routes qui les traversent ne sont à vrai dire que des défilés. Le versant est de cette chaîne est plus escarpé que le versant ouest.

Les Vosges dominent à la fois l'Alsace et la Lorraine et permettent d'attaquer les derrières de l'ennemi qui s'avancerait dans l'une ou l'autre de ces provinces. Les petites places de Bitche, Lichtenberg, Petite-Pierre et Phalsbourg qui garnissent les Vosges ont donc leur importance ; seulement comme elles sont placées sur des escarpements, on ne peut pas songer à les agrandir.

Entre la Bavière et la France, la vallée du Rhin est fermée par les lignes de Wissembourg placées sur la rive droite de la Lauter et séparées d'elles par des prairies. La route qui conduit de Wissembourg à Lauterbourg passe derrière ces lignes à travers un pays très-boisé. D'autres prairies s'étendent au delà de ces forêts. On voit donc qu'on peut arriver à couvert le long de ces lignes et que la retraite des défenseurs est également assurée.

De Wissembourg aux Vosges, la longueur de ces lignes est de 4400 pas ; elle est de 30000 de la même ville au Rhin. Pour les défendre, il faudrait donc 34400 hommes, sans tenir compte des garnisons de Wissembourg et de Lauterbourg, et en ne supposant qu'un homme au lieu de trois par chaque pas de longueur de crête. Certains écrivains militaires français ont néanmoins proposé leur rétablissement.

Ces lignes deviennent intenables, si l'ennemi les tourne sur le versant ouest des Vosges, en se dirigeant sur la Lorraine par Sarrebruck ou Sarreguemines.

a. *Passage des Vosges en pays allemand.* — Une armée d'invasion peut passer les Vosges en pays allemand, soit en se servant du chemin de fer de Neustadt à Sarrebruck, soit en suivant la vallée d'Anweiler, etc. Elle s'engagera sur la route qui passe à Deux-Ponts, Neu-Hornbach (à l'ouest de Bitche), Rorbach, Ottwiller, Siewiller, prendra ensuite le chemin de grande communication de Lixheim (à l'ouest de Phalsbourg) et se dirigera sur Sarrebourg où elle rejoindra la grande route de Paris. Cela suppose, bien entendu, qu'on ne lui a pas opposé des forces supérieures.

Cette armée tourne ainsi Bitche, la Petite-Pierre, Phalsbourg, les lignes de Wissembourg et les défilés qui traversent les Vosges françaises. Un corps spécial suffisamment fort devra en même temps se diriger sur Strasbourg en partant de la vallée du Rhin, afin d'opérer l'investissement de cette place.

Des écrivains militaires français ont proposé d'établir un camp retranché autour de cette place et autour des places de Belfort et de Langres qui se trouvent sur la ligne d'opérations d'une armée qui part de la vallée du Haut-Rhin pour marcher sur Paris.

L'armée d'investissement de Strasbourg couvrira l'aile gauche de l'armée qui dirige ses opérations vers la Sarre, car elle empêchera de petits corps français

4

de se maintenir dans les défilés des Vosges qui se trouvent au nord de Strasbourg.

L'armée de la Sarre, dont les réserves seront concentrées dans un camp retranché créé dans le Palatinat, par exemple à Germersheim, s'avancera sur le versant ouest des Vosges, à travers un pays presque entièrement découvert (elle ne rencontrera des forêts qu'aux environs de Bitche), et arrivée à Rorbach, elle pourra d'abord atteindre la vallée de la Sarre à Sarre-Union en passant par Lorentzen. Un chemin de grande communication la fera arriver ensuite sur la route de Paris à Heming ou à Sarrebourg. Par cette marche, l'armée envahissante tourne toutes les difficultés que présente le passage des Vosges françaises qui constituent un obstacle autrement sérieux que les lignes de Wissembourg, et elle obligera, en outre, les défenseurs à se retirer à Strasbourg. Elle-même traversera un pays découvert, très-peuplé et peu accidenté, sans rencontrer probablement jusqu'à son arrivée à Sarrebourg de résistance sérieuse.

b. *Passage des Vosges sur le territoire français entre Wissembourg et Strasbourg.* — Il peut arriver que l'armée d'invasion soit dans la nécessité de traverser les Vosges entre Wissembourg et Strasbourg. Un corps d'armée considérable aura dans ce cas pour mission de diriger ses opérations contre cette place forte du premier ordre.

La vallée du Rhin entre la Lauter et la forêt de Haguenau est légèrement ondulée et traversée par une série de ruisseaux, qui descendent des Vosges, se jettent dans le Rhin et ont une direction à peu près perpendiculaire à celle de la route de Wissembourg à Strasbourg. Ils n'ont que peu de profondeur et ne constituent pas un obstacle sérieux. La meilleure position défensive, sans parler des lignes de Wissembourg, est celle de Soultz-sous-Forêts, derrière la Seltzbach. Attaquées par des forces supérieures, elles ne sont tenables ni les unes ni les autres, car les pentes douces qui règnent ici le long du versant est des Vosges permettent facilement de les tourner. Si l'on veut défendre énergiquement la vallée du Rhin jusqu'à Strasbourg, on a toutefois l'avantage de pouvoir envoyer des renforts jusqu'à la frontière au moyen du chemin de fer.

Si l'on rétablissait les lignes de Wissembourg qui ont pour points d'appui la place forte de Lauterbourg et la ville de Wissembourg, qui est entourée d'un mur d'enceinte, l'armée d'invasion pourrait être arrêtée pendant quelque temps. Mais l'effet de cette position défensive serait bientôt neutralisé par les opérations d'une armée qui partirait de Deux-Ponts pour marcher vers la Sarre.

La défense pourrait encore s'établir dans la forêt de Haguenau qui, sur deux lieues de profondeur et six lieues de largeur, s'étend jusqu'à Seltz sur le Rhin et a pour limite au nord une portion de la Sauerbach. Cette position ne saurait être tournée qu'en marchant de Lauterbourg sur Seltz et qu'en s'avançant dans les montagnes à partir de Soultz : mais elle a l'inconvénient d'être prise de flanc par des pièces d'artillerie qui seraient établies sur la rive droite du Rhin. Ces bouches à feu seraient fournies par Rastadt, qui se trouve à proximité.

De Haguenau jusqu'aux hauteurs qui entourent Strasbourg au nord, on ne rencontre plus que deux positions défensives peu importantes : une petite forêt au sud de Haguenau et la Brumath qui peut être défendue par une arrière-garde.

Après l'investissement de Strasbourg, on pourra détacher un corps d'armée pour couvrir l'aile gauche de l'armée d'invasion qui a traversé Sarrebourg pour suivre ensuite la grande route de Paris. Ce corps peut s'engager dans la vallée de la Bruche, en passant par Molsheim et Mutzig, s'avancer jusqu'à Raon-l'Étape pour se diriger ensuite vers la Marne par Neufchâteau, etc.

Les vallées de la Meurthe, de la Mortagne, de la Moselle supérieure, de la Madon, de la Meuse et de la Marne lui permettent d'assurer ses communications avec l'armée de la Sarre.

Entre Mutzig et Schirmeck, la vallée de la Bruche a 800 pas de largeur. Elle se rétrécit ensuite de plus en plus jusqu'à Raon-l'Étape, car la route monte jusqu'au pic du Donon et descend ensuite sur le versant ouest des Vosges par la vallée de la Plaine, plus étroite que celle de la Bruche et dominée des deux côtés par des hauteurs boisées et plus escarpées.

La vallée de la Plaine peut être tournée en suivant une route qui part au-dessus de Schirmeck, passe au sud-ouest de Raon-sur-Plaine et aboutit à Raon-l'Étape le long de la vallée de la Rabodeau.

Un corps d'armée qui a pour mission de traverser les Vosges entre Wissembourg et Strasbourg n'est pas obligé de s'engager dans la vallée de la Bruche, mais peut suivre, selon son importance, une ou plusieurs vallées secondaires. Il choisira de préférence la vallée de la Zintzel du sud et celle de la Zorn, qui se réunissent à Dettviller (près de Saverne), car ce sont les moins boisées et les plus rapprochées de la ligne d'opérations de Sarrebourg.

La vallée de la Zorn prend son origine au pic du Donon, se dirige vers Phalsbourg, longe la grande route de Paris, le chemin de fer de Paris à Strasbourg et le canal de la Marne au Rhin et sort des Vosges à Saverne. Entre cette ville et Lutzelbourg, elle forme un défilé très-étroit de deux lieues de longueur.

La route de Paris passe, il est vrai, à Phalsbourg, mais on peut suivre la ligne du chemin de fer qui passe à une demi-lieue au sud de cette place et longe le canal de la Marne au Rhin. Des obstacles artificiels, qui seraient organisés dans cette vallée et la place de Phalsbourg elle-même, peuvent arrêter longtemps la marche d'une armée. Ce défilé n'a que cinq lieues de longueur, tandis que celui de la vallée de la Bruche en a douze. Au nord de Saverne, les Vosges sont du reste moins élevées et moins escarpées qu'au sud de cette ville.

La vallée de la Zintzel du sud, qui a son origine entre Phalsbourg et la Petite-Pierre, est resserrée entre des rochers et facile à barrer. Elle présente, jusqu'à sa sortie des hauteurs escarpées à Dosenheim, sur trois lieues de longueur, une différence de niveau de 160 mètres. Cette vallée est moins boisée que celles qui se trouvent plus au nord. De Siewiller, Bust, Hangwiller ou Vescheim, on peut gagner la route de Bitche à Sarrebourg ou bien la route de Paris qui n'en est éloignée que d'une à deux lieues et qu'on peut rejoindre en dehors de la sphère d'action de l'artillerie de Phalsbourg.

La vallée de la Moder est étroite, boisée et dominée par des hauteurs escarpées. Sur trois lieues de longueur, elle a une différence de niveau de 250 mètres.

Elle est traversée par un chemin qui passe à Haguenau, Ingwiller, où il devient moins roide et se dirige ensuite au nord-est vers Meisenthal. Au tiers de la longueur de la vallée, on rencontre des chemins qui se dirigent au sud vers Volcksberg ou Puberg, par lesquels la descente sur le versant ouest des Vosges est plus facile.

La route de Bouxwiller à Lorentzen par la Petite-Pierre passe entre la vallée de la Moder et celle de la Zintzel du sud. Mais on ne pourra pas la suivre tant qu'on n'est pas maître de ce fort.

La vallée de la Zintzel du nord est également boisée, très-étroite et dominée par des hauteurs escarpées. Sur quatre lieues de longueur, elle a une différence de niveau de 250 mètres.

Elle débouche des Vosges à Zintzwiller et conduit à Lemberg, près de Bitche, ou à Gœtzenbruck. Des chemins de traverse permettent d'arriver ensuite dans la vallée de la Sarre.

La vallée de la Rothbach, à peu de distance de la précédente, est également étroite et dominée par des hauteurs escarpées. Elle débouche près de Rothbach. Sur quatre lieues de longueur, elle a une différence de niveau de 200 mètres. Elle conduit également dans la vallée de la Sarre.

A l'exception des deux premières, toutes ces vallées se dirigent au nord-est en partant de la vallée du Rhin et obligent l'armée envahissante à faire de grands détours pour arriver dans la vallée de la Sarre.

§ 14. — Marche de l'armée depuis la Sarre jusqu'à la Moselle.

Arrivée dans la vallée de la Sarre, l'armée devra passer cette rivière entre Sarre-Union et Sarrebourg pour atteindre la route de Paris. A son origine et sur une étendue de quatre lieues, cette vallée est dominée par des hauteurs boisées et escarpées qui s'adoucissent aux environs de la route de Paris. Au sud de cette route, les affluents de droite de la Sarre sont : la Rouge-Eau, la Bièvre, l'Eichmatt et la Lixheim qui descendent des Vosges, et les affluents de gauche : la Gondrexange, la Landbach et la Naubach. Les uns et les autres sont peu importants.

Entre Sarrebourg et Sarre-Union, la Sarre n'a que 30 pas de largeur. Presque tous les villages situés entre ces deux villes possèdent des ponts; rien n'est d'ailleurs plus facile que d'en jeter d'autres.

La vallée a de 250 à 600 pas de largeur et renferme de nombreuses prairies : la pente de ses versants ne dépasse pas 15 degrés.

Sur la rive droite, on rencontre quelques parties boisées : toute la rive gauche, jusqu'à 2000 pas de distance du lit de la rivière, est couverte de forêts, dont la défense peut tirer un parti très-avantageux. Des routes et des chemins praticables s'étendent le long des deux rives.

Sarrebourg, qui est traversé par la grande route de Paris, est situé sur la rive droite de la Sarre et dominé par des hauteurs qui s'étendent entre cette rivière et la Bièvre, dont le confluent est en aval de Sarrebourg.

Ces hauteurs peuvent être occupées avantageusement par un corps considérable, qui a des vues sur tout le pays qui s'étend à l'ouest et à l'est. Vers l'ouest, on domine parfaitement la route de Paris au moyen de feux d'artillerie. Si les défenseurs sont obligés de battre en retraite et veulent suivre la route de Paris, ils seront obligés d'évacuer Sarrebourg assez à temps pour ne pas être pris de flanc par ces feux d'artillerie. Mais, d'un autre côté, tant que ces hauteurs seront entre les mains de la défense, elles permettront d'arrêter l'ennemi qui voudra effectuer le passage de l'Otterbach et de l'Eichmatt pour arriver à la Sarre.

La position de Sarre-Union, qui est également placé sur la rive droite de la Sarre, est plus favorable encore pour l'attaque. Des hauteurs dominantes entourent cette ville et permettent d'envelopper les défenseurs, qui ne sauraient résister longtemps, surtout en ayant la rivière sur leurs derrières.

Sur la rive gauche de la Sarre, entre Sarre-Union et Sarrebourg, il existe de nombreux défilés à travers des forêts, des marais et des étangs, qui entravent la marche d'une armée. Il n'est donc pas avantageux d'opérer le passage de la rivière entre ces deux villes.

En suivant la route de Paris, l'armée ne saurait négliger le camp retranché qui serait construit autour de Marsal, dont les distances à Lunéville, Blamont et Sarrebourg varient de cinq à sept lieues, à moins qu'un corps spécial n'ait été chargé de l'observer.

Une voie ferrée suit la grande route de Paris et favorisera la défense. Cette route passe à travers un pays presque découvert. A Blamont, elle est coupée par la Vezouse qui prend sa source dans les Vosges, au pic du Donon et se jette dans la Meuse à Lunéville, après avoir reçu la Richeval, la Blette et la Verdurette. Entre Blamont et Lunéville, la route de Paris suit la rive gauche de la Vezouse.

On trouve une bonne position défensive à Saint-Georges, situé entre Sarrebourg et Blamont. Une forêt servira de point d'appui à l'aile gauche; l'aile droite pourra s'appuyer au ruisseau de Neufmoulin, ou au village d'Aspach, ou à la forêt de la Minière. Plusieurs petits lacs en rendent les approches très-difficiles. Cette position ne pourrait être tournée que par le village d'Aspach.

La position défensive qui se trouve à Richeval, derrière la petite rivière du même nom, pourra être dé-

fendue pendant quelque temps par une arrière-garde,
mais elle peut être tournée par Hattigny, en suivant
la vallée de la Vezouse, tandis que l'aile droite se dirigerait par les hauteurs sur Gogney et Blamont.

Blamont, situé au fond de la vallée de la Vezouse,
ne peut pas être bien défendu. Mais les défenseurs
pourraient occuper utilement les hauteurs de la rive
gauche de la Vezouse et dominer ainsi les débouchés
de la ville. Ils obligeront peut-être l'attaquant à tourner cette position, en partant d'Aspach ou d'Hattigny
et en passant par Haute-Seille et Cirey-les-Forges.

D'autres positions défensives se trouvent encore à
Barbas, Domèvre, Herbéviller et Ogéviller entre
Blamont et Lunéville, mais elles peuvent toutes être
tournées si l'attaquant se dirige sur Lunéville en suivant la vallée de la Meurthe qui n'en est pas éloignée.

Lunéville est une ville ouverte, difficile à défendre.
Sa garnison pourrait néanmoins résister quelque
temps, si l'on établissait des ouvrages de campagne à
l'est de la ville entre la Vezouse et la Meurthe. Les
défenseurs trouveront, en outre, sur les hauteurs rapprochées, situées à l'est de Lunéville, une position
très-bonne pour en dominer les débouchés.

Cette ville a une certaine importance en ce qu'elle
forme le point de croisement des routes de Strasbourg,
Schelestadt, Épinal, Rambervillers, Charmes, Paris,
Metz, Sarrelouis, Sarrebruck, Sarreguemines et Fenestrange. Le chemin de fer de Paris à Strasbourg
passe à une petite distance de la ville. La grande

route de Paris traverse la Meurthe à Saint-Nicolas, à trois lieues au nord-ouest de Lunéville.

Les rives de la Meurthe, qui se jette dans la Moselle entre Nancy et Custines, ressemblent beaucoup à celles de cette dernière rivière.

La source de la Meurthe se trouve dans les Vosges au nord et à une petite distance de celle de la Moselle.

Sa vallée, d'abord très-étroite, s'élargit à Raon-l'Étape où elle reçoit la Plaine. Ses autres affluents sont la Mortagne et la Vezouse, qui s'y jettent près de Lunéville.

En aval de Raon-l'Étape, la largeur de la vallée de la Meurthe varie de 500 à 2000 pas; les versants de la rive droite sont en partie très-escarpés; ceux de la rive gauche ont, au contraire, une pente assez douce. La largeur de la rivière est environ de 70 pas.

En présence des nombreuses et très-bonnes communications qui traversent ce pays, une défense prolongée de la Meurthe aux environs de la route de Paris ne sera pas à redouter, surtout si l'attaquant traverse la Meurthe et la Mortagne en amont de Lunéville pour diriger ensuite une partie de ses forces contre cette ville. A cet effet, il quittera la grande route à partir de Domèvre, de façon à opérer le passage de la Meurthe entre Azerailles et Baccarat. Le corps d'armée qui suit la vallée de la Bruche le soutiendrait dans cette opération.

Le passage de la Mortagne, qui n'est pas plus importante que la Vezouse, s'effectuerait aux environs

de celui de la Meurthe. A Saint-Nicolas, on rejoin-
drait de nouveau la route de Paris.

Le passage de la Mortagne pourrait également
s'opérer un peu plus en aval, soit à Xermaménil (où
la rive gauche offre toutefois une bonne position défensive, capable d'une résistance sérieuse), soit à Ger-
beviller, Moyen ou Magnières. On suivrait ensuite la
route qui passe à Bayon, sur la Moselle ; à Haroué, sur
le Madon ; à Vezelise, Crépey, Colombey et Vaucouleurs, sur la Meuse. Cette route rejoint celle de Paris
à Void. On tournerait de cette façon la place de Toul.

De Vaucouleurs on pourrait immédiatement se diriger sur Joinville, Vassy ou Saint-Dizier et Vitry-le-
Français pour arriver dans la vallée de la Marne.

Comme la défense pourra opposer une résistance
très-vive à Lunéville, à Dombasle et devant Nancy, et
que la route de Paris traverse, en outre, la place de
Toul, l'attaquant aura soin d'attendre le résultat favorable de ses entreprises au sud de Lunéville, avant de
chercher à s'avancer sur la grande route de Paris.

A partir de Lunéville, cette route passe sur des
hauteurs et atteint ensuite Dombasle, où le ruisseau
le Sanon, qui coule de l'est à l'ouest, se jette dans
la Meurthe. Ici les défenseurs, placés sur les hauteurs
dominantes de la rive droite de ce ruisseau, pourront
opposer une résistance opiniâtre. Si l'attaquant par-
vient à la briser, il aura ensuite à forcer le passage de
la Meurthe à Saint-Nicolas, à moins qu'il ne prenne
le parti de jeter un pont en aval de cette ville, où les
hauteurs de la rive droite dominent, il est vrai, celles

de la rive gauche, mais où l'on ne peut arriver qu'en suivant des chemins de traverse.

De Saint-Nicolas à Nancy, la route de Paris suit la rive gauche de la Meurthe.

En avant de Nancy, les défenseurs trouveront une excellente position défensive sur des hauteurs où ils pourront appuyer leur gauche à la Meurthe et leur aile droite contre les escarpements de la forêt de la Haye. Cette position peut bien être tournée si l'attaquant suit un défilé qui conduit sur la rive droite de la Moselle, mais un petit corps suffit pour la défendre.

Comme avant d'arriver à Nancy, on trouve encore trois positions semblables, qu'il faut passer, après s'être rendu maître de la ville, à travers une forêt de deux lieues d'étendue et qu'on rencontre ensuite la place de Toul, qui ferme la route de Paris, l'attaquant devra subordonner la marche de son aile droite sur la route de Paris, à celle de son centre et de son aile gauche, et n'attaquer par l'aile droite que lorsque le défenseur se retirera par suite de la marche en avant du centre.

§ 15. — Passage de la Moselle.

Le centre ou le gros de l'armée pourra passer la Moselle entre Méreville et Bayon. Ces deux villes, ainsi que les villages de Neuve-Flavigny et Velle, possèdent des ponts. Pour atteindre Méreville, il faut passer par le défilé dont il a été question plus haut, lequel peut être barré très-facilement. Une forêt considérable, qui s'étend jusqu'à la Moselle, défend les abords du pont de Flavigny. Il est plus facile de marcher sur Velle et Bayon, situés sur la rive droite de la Moselle, et qui ne pourront pas être défendus pendant longtemps, car ils sont dominés par les hauteurs avoisinantes. Mais si leurs ponts étaient détruits, et que leur rétablissement fût moins difficile que la construction d'autres ponts, il y aurait lieu de les rétablir, d'autant plus que les conditions pour l'exécution de ce travail sont on ne peut plus favorables. Il existe, en effet, de bonnes communications sur les deux rives de la Moselle, les villages sont situés sur la rive droite; enfin les hauteurs se rapprochent jusqu'au lit même de la rivière.

Entre Méreville et Bayon, la Moselle n'a pas plus de 120 à 150 pas de largeur et renferme de nombreuses îles qui faciliteront l'exécution du passage de rivière. La route d'Épinal à Nancy suit la rive gauche de la Moselle jusqu'à Flavigny, se réunit ici à celle de Mirecourt à Nancy et passe sur la rive droite.

Aux environs de la route de Raon-l'Étape à Charmes, les endroits favorables au passage de la Moselle sont dans des conditions semblables. On peut citer de préférence Portieux et Chatel, situés en amont de Charmes, sur la rive droite de la rivière, dont les hauteurs sont dominantes. Ils possèdent des ponts et forment les points de départ de routes conduisant dans la vallée de la Meuse par Mirecourt.

Charmes est situé sur la rive gauche de la Moselle. Le chemin de fer d'Épinal y passe et longe ensuite la rive gauche. Des îles favorisent également aux environs de Charmes la construction de ponts pour effectuer le passage de la rivière.

En suivant la route de Bayon à Vaucouleurs par Colombey, il faut encore traverser le Madon, affluent peu important de la Moselle, et le Brénon, affluent du Madon, qui permettent cependant d'occuper de bonnes positions défensives. Mais comme le pays compris entre la Moselle et Colombey est peu accidenté et n'a pas d'importance stratégique, il sera toujours facile de tourner ces positions isolées.

Si le centre de l'armée s'avance de Bayon sur Colombey par Vezelise, et l'aile gauche de Charmes à Neufchâteau par Mirecourt, le défenseur sera obligé d'abandonner Lunéville et Nancy pour se retirer derrière la Meuse. L'aile droite de l'armée suivra son mouvement, et si elle passe la Moselle en amont de Toul, par exemple à Pont-Saint-Vincent, elle pourra contribuer à faciliter au centre le passage de la Meuse.

La route de Pont-Saint-Vincent à Colombey se croise à Thuilley avec celle de Charmes à Toul par Vezelise. Arrivée au point de croisement, une partie de l'aile droite marchera sur Toul pour l'investir; le reste s'avancera à travers les montagnes boisées de deux lieues et demie d'étendue qui séparent Toul de Vaucouleurs, ou bien il se dirigera au nord-ouest vers la route de Paris.

Si pendant ce temps, l'attaquant a passé la Moselle entre Custines et Pont-à-Mousson, il forcera de son côté le défenseur à évacuer Nancy.

Pour marcher de Colombey, situé à quatre lieues

de Toul, sur Vaucouleurs, on est obligé de suivre un
défilé qui, sur une étendue de plus d'une demi-lieue,
est dominé par des hauteurs boisées et escarpées, et
qui est précédé par deux villages, Saulxures-les-Vannes
et Housselmont, que la défense aura soin d'occuper.
Un petit corps suffira pour se maintenir dans cette position, que l'attaquant sera obligé d'enlever, s'il ne
veut faire de grands détours et passer par d'autres
défilés. L'armée défensive proprement dite prendra
position sur la rive gauche de la Meuse près de Vaucouleurs.

§ 16. — Passage de la Meuse.

Jusqu'à la route de Paris, qui passe à deux lieues en
aval de Vaucouleurs, les hauteurs de la rive droite de
la Meuse, qui a ici 80 pas de largeur, sont plus rapprochées du cours d'eau que celles de la rive gauche
et favorisent par conséquent le passage de rivière.
On trouve des ponts à Chalaines (en face de Vaucouleurs), à Saint-Germain, à une lieue en aval de cette
ville, et enfin à Sauvigny, Brixey, Maxey-sous-Brixey,
situés en amont de Vaucouleurs. Des gués existent à
Champougny et à Pagny.

La destruction de tous ces ponts n'empêcherait pas
la réussite du passage de la Meuse, car il ne faut pas
plus d'une demi-heure pour en établir un, d'autant plus
que les hauteurs de la rive droite sont dominantes.

Une position défensive en avant et sur les derrières
des défilés boisés de la rive gauche, quelques postes
établis le long de la rivière et le gros des forces à Gon-

drecourt, qui n'en est éloigné que de trois à quatre lieues, rendront l'opération du passage de rivière plus meurtrière, mais ne pourront jamais l'empêcher.

Sauvigny et Maxey-sous-Brixey sont des points favorables pour le passage de la Meuse. On peut y arriver de Colombey en évitant des défilés dont il a été question plus haut. On prendra d'abord la route de Neufchâteau et l'on suivra ensuite de petites vallées qui conduisent vers la Meuse.

Après le passage de rivière, on se dirigera sur Gondrecourt, Ligny, etc., pour arriver à la Marne. On évitera ainsi les défilés à travers la forêt qui s'étend entre Vaucouleurs et Void.

L'aile droite pourra passer la Meuse sur la route de Paris, à Pagny, où l'on trouve également un gué. Ce village est admirablement dominé par les hauteurs de la rive droite.

L'aile gauche choisira comme point de passage un des points déjà cités situés en aval de Neufchâteau ou bien Rebeuville et Bazoille qui se trouvent en amont de cette ville. Mais en choisissant un de ces derniers points, il faut également passer le Mouzon, affluent de la Meuse.

Après le passage de la Meuse, une partie de l'aile gauche servira à renforcer l'aile droite, affaiblie par l'investissement de Toul. Cela suppose toutefois l'arrivée aux environs de Langres de l'armée du Haut-Rhin et sa jonction avec la première.

Pour arriver à la Marne, l'aile droite s'avancera sur la grande route vers Saint-Dizier, en passant par Ligny.

5

et Stainville, le centre marchera sur Joinville en passant par Gondrecourt, et l'aile gauche se dirigera sur
Donjeux par Saint-Blin, Rimaucourt et la vallée du
Rognon, ou bien elle suivra, à partir de Liffol-le-
Grand, le chemin de grande communication qui passe
sur des hauteurs par Allianville, Trampot, Augeville.
On évitera ainsi les défilés que l'on rencontre sur la
première de ces deux routes. L'aile droite, après avoir
facilité au centre le passage de la Marne à Joinville, se
réunira avec lui.

Après le passage de la forêt, qui s'étend de la Meuse
à Gondrecourt, rien ne s'opposera plus à la marche
du centre jusqu'à la Marne, car toute cette contrée est
découverte et peu accidentée. On ne rencontre de
fortes pentes qu'aux environs de cette rivière.

En amont aussi bien qu'en aval de Joinville, on
trouve des ponts et des gués, et le terrain environnant
favorise le passage de rivière. Le défenseur n'a même
pas à sa disposition le chemin de fer de Langres, qui
suit la rive droite de la Marne depuis Vitry-le-Français jusqu'en amont de Joinville.

Pour soutenir l'aile droite dans sa marche à travers
le défilé de la forêt qui s'étend de Void à Ligny et
pour lui faciliter le passage de l'Ornain, le centre
pourra envoyer un détachement sur la route qui suit
la vallée de cette rivière à partir de Houdelaincourt,
sur la droite de la route de Gondrecourt à Joinville.
Ce détachement contribuera à briser la résistance que
la défense pourra opposer à l'aile droite, soit dans la
forêt, soit à Ligny même. En amont de cette ville, on

peut traverser l'Ornain sur deux gués, de sorte qu'il ne sera même pas nécessaire de s'emparer de vive force du pont de Ligny.

Aux environs de Stainville, la route de Paris suit pendant quelque temps la vallée de la Saulx, qui se jette dans l'Ornain près de Vitry. Cet affluent ne constitue pas un obstacle sérieux, mais les hauteurs de sa rive gauche ont des vues de flanc sur une portion de la route. On devra donc chasser le défenseur de cette position avant d'opérer le passage de la rivière.

§ 17. — Passage de la Marne.

La route de Stainville à Saint-Dizier, situé sur la rive droite de la Marne, passe à travers une forêt. Entre Saint-Dizier et Vitry-le-Français, les hauteurs s'éloignent considérablement du lit de la rivière et aucun obstacle n'entrave la marche entre ces deux villes. Les hauteurs de la rive gauche sont de moins en moins fortes.

Des ponts existent à Joinville, Rachecourt, Eurville, Roche, Arrigny, situés sur la rive gauche, ainsi qu'à Bienville, Saint-Dizier et Vitry-le-Français, placés sur la rive droite de la Marne.

En amont de Saint-Dizier, les hauteurs de la rive droite dominent celles de la rive gauche et favorisent le passage de rivière. La largeur de la vallée varie de 400 à 1600 pas, celle de la rivière ne dépasse pas 80 pas. Trente-cinq à quarante minutes suffisent pour y jeter un pont. Le village de Thonnance, en aval de Joinville, où il existe déjà un pont, se prête parfaite-

ment à cette opération. Il en est de même de la partie
de la rive qui se trouve en face de Joinville. Elle présente, en effet, un rentrant et ses hauteurs dominent
celles de la rive gauche.

On trouve des gués à Autigny-le-Grand et Roche-
sur-Marne, en aval de Joinville, et à Rupt, situé en
amont de cette ville. De ces gués, on peut rejoindre
les différentes routes de la rive gauche de la Marne
qui partent de Joinville.

En opérant le passage de rivière à Joinville, on facilite d'ailleurs celui de l'aile droite à Saint-Dizier.
En aval de cette ville jusqu'à Vitry-le-Français, les
hauteurs dominantes règnent le long de la rive gauche,
sur laquelle on rencontre d'ailleurs de nombreux marécages : les avantages sont donc ici du côté de la
défense.

Vitry-le-Français est entouré d'un parapet en terre
précédé d'un fossé, de sorte qu'il ne sera pas facile
d'enlever cette ville de vive force. Mais un passage de
rivière opéré soit à Frignicourt, soit entre Bignicourt
et Norrois pourrait bien entraîner l'évacuation de
Vitry, d'autant plus que cette ville se trouve sur la rive
droite et que les hauteurs de la rive gauche en sont
éloignées de 2400 pas et ne permettent pas facilement
d'en soutenir la retraite.

La première armée, partie de Luxembourg ou de
tout autre point de la frontière du nord-est, et la troisième, qui s'avance sur Paris en passant par Langres,
faciliteront d'ailleurs à l'armée du centre le passage
de la Marne, car les défenseurs seront obligés d'aban-

donner les positions qu'ils occupent le long de cette rivière et de se retirer sur Paris dès que la première de ces armées sera parvenue à la Marne inférieure.

Entre Joinville et Vitry-le-Français, le terrain ne se prête d'ailleurs pas aussi bien à une bonne défense qu'entre Vitry et Épernay.

Les postes d'observation établis pour la surveillance des rives de la Marne (comme au § 10) sur des points importants, pourront avoir leurs réserves à Vassy, Montierender, Margerie et Sommepuis, distants de la rivière de trois à quatre lieues.

Mais comme il n'existe pas de communication directe entre Montierender, Margerie et Sommepuis, que des marais et des forêts séparent les deux premiers de ces villages de la Marne, que tous se trouvent sur la direction de la ligne de retraite sur Paris et que les troupes qui les occuperont pourront être prises de flanc et peut-être coupées par une armée qui aura effectué le passage de la Marne inférieure; enfin comme la défense ne peut même pas tirer parti de la ligne ferrée, qui suit la rive droite de la Marne entre Vitry et Joinville, une défense tenace de la Marne entre ces deux villes n'est guère admissible. Les troupes qui en sont chargées devront se retirer en temps opportun, soit à Sézanne, soit derrière l'Aube.

Après le passage de la Marne, l'aile droite de la seconde armée aura fait sa jonction avec le centre et pourra ensuite servir d'avant-garde, à moins qu'elle ne dirige ses opérations sur Champaubert, Montmirail, etc., etc., le long de la rive gauche de la Marne, entre la première et la seconde armée. Cette dernière devra se diriger sur Sézanne, afin de laisser le terrain libre à l'armée du Haut-Rhin qui marchera sur Troyes.

Pour tourner les mauvais chemins qui conduisent de Montierender à Sézanne, elle pourra se diriger le long de la Marne, de Joinville vers Saint-Dizier et Vitry, ou bien le centre pourra suivre les chemins de Vassy et de Montierender à Arrigny, tandis que l'aile gauche prendra les chemins de traverse qui conduisent de Donjeux-sur-Marne à Doulevant. Elle suivra ensuite la route de Brienne-le-Château, puis la rive droite de la vallée de l'Aube pour arriver à Sézanne.

La Blaise, qui se jette dans la Marne près d'Arrigny, ne constitue pas un obstacle, mais il n'en est pas de même de la forêt du Der, de plusieurs lieues de largeur, qui s'étend au-dessus et au-dessous de Vassy le long de la rive gauche de la Blaise et par laquelle passe la route de Montierender. Elle permettra à la défense d'opposer ici une vive résistance. A Vassy même, les hauteurs de la rive droite de la Blaise dominent celles de la rive gauche.

La Voire passe à Montierender et se jette dans l'Aube, en aval de Lesmont. Elle reçoit plusieurs affluents, qui ont leurs sources dans les lacs assez importants de la forêt du Der. Mais comme on n'est pas obligé de la passer à Montierender pour gagner la route de Paris, la défense ne peut guère songer à en tirer parti.

§ 18. — Marche depuis la Marne jusqu'à Paris.

Arrivée à Sézanne, l'armée quitte les plaines de la Champagne pour marcher à travers un pays montagneux. Les hauteurs qui règnent demi-circulairement autour de cette ville, permettent de la défendre sérieusement. A peu de distance, en arrière de Sézanne, on rencontre le Grand-Morin qui ne forme pas un obstacle sérieux. Mais une arrière-garde peut ici, ainsi que sur la route de Sézanne à Laferté-Gaucher qui, dans certaines parties, est resserrée entre deux forêts, résister pendant quelque temps à une attaque. A Laferté-Gaucher, on trouve une route qui conduit à Laferté-sous-Jouarre situé sur la Marne.

Si une partie de la première armée devait déjà être arrivée dans cette ville, ce qui est peu probable, la deuxième armée dirigerait ses opérations vers Coulommiers. Elle aussi devra chercher un point de passage sur la Marne pour en occuper la rive droite et attaquer de concert avec la première armée, le côté nord-est de Paris. A Lagny, à cinq lieues de la capitale, la grande route de Paris traverse la Marne, après avoir suivi sur une étendue d'une lieue environ la rive gauche de cette rivière. Si le défenseur occupait la rive opposée, les colonnes qui suivraient cette route seraient exposées à des feux de flanc.

Si l'on n'est pas maître du point de passage de Trilport, il y aura donc lieu d'en choisir un autre pour y jeter un pont. Le village de Condé, situé au confluent du Grand-Morin, s'y prête parfaitement. On

pourrait encore tenter cette opération à Chalifert,
placé à une lieue en amont de Lagny ; mais sur la rive
opposée on ne trouve pas des communications aussi
commodes qu'en face de Condé.

On ne peut guère admettre que le défenseur cherchera à s'opposer à ce passage de rivière : à ce moment, son rôle principal consistera à défendre Paris.
Il cherchera donc, avant d'être par trop affaibli, une
bonne position défensive qui lui permette de s'opposer
d'une façon efficace à la marche des travaux d'attaque.

Lorsque les deux armées auront atteint soit la rive
droite, soit la rive gauche de la Marne, il deviendra
d'autant plus nécessaire pour elles de réunir leurs
forces qu'elles pourront avoir à combattre, avant de
commencer l'attaque des fortifications de Paris, une
armée défensive réunie au camp de Soissons, qui
pourrait les attaquer de flanc et à dos dans leur marche
sur la capitale. Il leur faudra avant tout chasser cette
armée de cette position.

Si cette mission ne peut pas être remplie par un
corps d'armée venant de la Belgique, la première armée devra diriger ses opérations contre Soissons après
le passage de la Meuse et de l'Aisne. La deuxième
armée aura à la soutenir dans cette attaque : elle
pourra se mettre en communication avec elle et se
diriger sur Soissons, avant d'avoir opéré le passage de
la Marne. La troisième armée continuerait à marcher
sur Paris entre la Marne et la Seine. Pour assurer ses
communications avec la première, elle n'aura qu'à
occuper les points de passage sur la Marne.

II

FRONTIÈRE FRANÇAISE DU RHIN

DEPUIS HUNINGUE JUSQU'A LAUTERBOURG.

§ 19. — Considérations générales.

La frontière est de la France, formée par le Rhin et ses places fortes, constitue avec les Vosges, qui lui sont parallèles et à une distance de six milles géographiques seulement (environ $44^{kil},500$), une des plus fortes lignes de défense contre l'Allemagne. Elle a trente-six lieues d'étendue et se prolonge à partir de Bâle, le long de la Suisse et du Piémont. Tant qu'elle restera au pouvoir de la France, on doit considérer la partie de l'Allemagne avoisinante comme un pays ouvert. Une armée d'invasion, qui passerait le Rhin, pour s'avancer dans l'Allemagne du Sud, ne pourra être arrêtée dans sa marche que par une armée allemande, partant de la frontière du nord-est pour opérer sur ses derrières. — Sur la rive droite du Rhin, l'Allemagne ne pourra réunir des corps de troupes considérables que dans les places fortes de Rastadt et d'Ulm, très-éloignées l'une de l'autre. Si la place de Rastadt était entourée d'un vaste camp retranché pouvant renfermer une armée considérable, elle menacerait le flanc gauche d'une armée qui aurait passé le Rhin à Strasbourg ou en un autre point de la frontière et l'arrêterait dans sa marche vers la forêt Noire à travers la vallée de la Kinzig. — Un grand camp retranché, ne se composerait-il que d'ouvrages de campagne, qui serait établi dans la Bavière rhénane entre les Vosges et le Rhin (par exemple, derrière la Queich entre les places fortes de Landau et de Germersheim) serait d'un grand secours pour l'Allemagne, aussi bien pour la défensive que pour l'offensive. La ville de Ludwigshafen (en face de Manheim), qui est en communication avec Landau par une voie ferrée, s'y prêterait également.

La guerre d'Orient nous a montré qu'on peut établir des camps retranchés formés d'ouvrages de campagne, à proximité de l'ennemi et même sous les feux de ses batteries : les siéges de Silistrie, de Sébastopol et de Kars nous en fournissent des exemples. Ces ouvrages improvisés furent capables d'une bonne résistance et rendirent bien plus difficile la mise en brèche des ouvrages permanents. Ce moyen pourra être mis en pratique un de ces jours à Rastadt, si au moment voulu il n'existe pas encore de camp retranché permanent. Cette place forte ferme seulement la vallée de la Murg et n'empêchera pas l'armée française d'effectuer le passage du haut Rhin où elle trouvera devant elle les vallées de la Kappel, de la Rench, de la Kinzig, de l'Elz et de la Dreisam, qui sont entièrement ouvertes. Toutes ces vallées ont une direction sud-est et conduisent à travers la forêt Noire, qui est parfaitement connue des Français, dans celles du Necker et du Danube. Elles n'ont aucune communication entre elles, de sorte que les troupes chargées de leur défense ne pourront être soutenues que par des réserves placées en arrière.

Ces troupes devront occuper Donaueschingen et Villingen, dans la partie supérieure de la forêt Noire, ainsi que Freudenstadt et Rothenbourg dans la partie inférieure, aux environs desquelles se réunissent toutes les routes qui partent des différentes vallées dont il a été question et conduisent sur le versant est de la forêt Noire.

Si les villes d'Offenburg et de Freiburg étaient fortifiées, elles fermeraient l'entrée des vallées de la Kinzig et de la Dreisam, qui sont les plus importantes. Si l'on fortifiait également les parties supérieures des vallées principales, ainsi que Freudenstadt, Villingen, Donaueschingen et Stockach, une armée française aurait la plus grande peine d'arriver au Danube et d'atteindre Ulm.

La place d'Ulm est à trente lieues de distance de Rastadt, comptée en ligne droite, et à quarante-huit lieues, comptée suivant la direction suivie par le chemin de fer qui passe derrière la forêt Noire et conduit à Bruchsal et Stuttgardt. Elle n'exerce pas d'influence directe sur la vallée du Rhin, dans laquelle il n'existe qu'une seule place forte, tandis qu'à la frontière du nord-est on trouve les forteresses de Germersheim, Landau, Sarrelouis et Luxembourg, et, plus en arrière, les grandes places de Mayence, Coblentz et de Cologne. Sur la frontière française sont situées les petites places de Lauterbourg, de Weissembourg, Bitche, Lichtenberg, Petite-Pierre, Phalsbourg et Fort-Louis, la grande place de Strasbourg, renfermant un arsenal considérable, puis Schelestadt, Neuf-Brisach et plus en arrière la place de Belfort. Il existe, en outre, le long du Rhin, vingt-quatre redoutes, plusieurs forts et quelques casernes occupées par des douaniers, de sorte que de lieue en lieue on rencontre le long de ce fleuve un point fortifié.

Les chemins de fer qui conduisent de Paris et de Lyon au Rhin peuvent amener sur la frontière allemande en peu de temps une armée qui trouvera son matériel de guerre dans les places de Strasbourg et de Metz. Le chemin de fer qui suit la rive gauche du Rhin à partir de Bâle servira également à l'attaque et à la défense. Le passage du Rhin pourra être opéré sur le pont permanent établi par la France et le grand-duché de Bade.

L'histoire militaire nous démontre d'ailleurs qu'il peut être effectué en bien d'autres points; de nombreuses îles très-touffues et des simulacres de passage favoriseront cette opération, qui pourra toutefois être rendue plus périlleuse par l'emploi judicieux du chemin de fer badois, pour amener des renforts au point de passage.

La route qui part de Bâle et se dirige sur Paris en passant par Altkirch, Belfort, Vesoul et Langres, sépare le Jura des Vosges. Sa direction est perpendiculaire à celle des ruisseaux qui descendent du versant sud des Vosges et se jettent dans le Doubs et la Saône. Elle laisse sur sa droite la Sarre, la Meurthe et la Moselle, ainsi que les sources des affluents de la Meuse et de la Marne, se dirige le long de cette rivière de Langres à Chaumont, atteint l'Aube à Bar, et conduit enfin à Paris par Troyes et Nogent.

Cette route traverse à Langres la chaîne de montagnes qui, au nord, sépare le bassin de la Moselle de ceux de la Meuse et de la Marne, et, au sud, les bassins de la Saône et du Rhône de ceux de la Loire et de la Seine, et qui forme, pour ainsi dire, une troisième ligne de défense à partir du Rhin.

§ 20. — Le Rhin.

Le Rhin prend ses sources au Saint-Gothard. Il se dirige d'abord au nord jusqu'au lac de Constance, se retourne ensuite à l'ouest jusqu'à Bâle, et sépare le Jura de la forêt Noire. De Bâle à Mayence, il reprend la direction nord.

En Suisse, il est resserré entre des montagnes très-rapprochées, mais à partir de Bâle les hauteurs de la rive gauche s'en éloignent de plus en plus. En face de Huningue, elles en sont déjà à plus d'une lieue; à Rixheim, à une lieue et demie, et de Mulhouse à Strasbourg, elles en sont éloignées de cinq lieues. A partir de Strasbourg, la partie abrupte de la chaîne des Vosges se dirige à cette distance parallèlement au cours du Rhin; mais la partie légèrement ondulée n'en est plus éloignée que de deux lieues et s'en rapproche presque complétement aux environs de Lauterbourg.

De Bâle à Schlingen (à quatre lieues) les montagnes de la forêt Noire viennent toucher la rive droite du

Rhin, s'en éloignent ensuite peu à peu, jusqu'à une distance de cinq lieues aux environs de Freiburg. A partir de cette ville, elles s'en rapprochent de nouveau et restent à la distance d'une lieue et demie de Kenzingen à Lauterbourg. Ainsi les hauteurs de la rive droite sont plus rapprochées du Rhin que celles de la rive gauche, et à partir de Bâle la largeur de la vallée varie d'une à sept lieues.

En amont de Bâle, le Rhin n'a que deux cent cinquante pas de largeur et renferme peu d'îles. Mais à partir de Huningue, il se divise en plusieurs bras renfermant de nombreuses îles marécageuses et couvertes de bois tendres. Les deux rives de ce fleuve s'éloignent l'une de l'autre jusqu'à trois mille six cents pas. De Rheinau à Strasbourg, tout le terrain compris entre le Rhin et l'Ill (de six lieues de largeur) est en outre coupé par de nombreux petits affluents dont les directions sont parallèles à celles du fleuve, de sorte qu'il est on ne peut plus difficile de faire arriver des troupes le long de cette rive.

La nature du lit du Rhin et sa pente douce favorisent bien l'établissement des ponts en aval de Bâle, mais les abords en sont couverts de prairies et de forêts marécageuses, qui ne permettent de faire avancer les équipages qui transportent le matériel que sur les routes existantes.

§ 24. — Défenses artificielles créées le long de la rive gauche du Rhin.

Outre les places fortes proprement dites, il existe, le long de la rive gauche du Rhin, de nombreux ouvrages de fortification, des digues, etc., etc., qui permettent à une armée de se développer le long de cette rive, de la défendre, et facilitent le passage du Rhin. Aucun ouvrage de cette nature n'a été créé sur la rive droite.

Parmi les ouvrages de fortification, nous comptons Huningue et le fort Abatucci, quoiqu'ils aient été rasés. Rien n'est plus facile, en effet, que d'en remettre les remparts en état de défense. En organisant en même temps défensivement la digue du Rhin, on empêchera certainement, aux environs de ces ouvrages, toute tentative de passage de la rive droite sur la rive gauche, quoique le Rhin n'y soit pas large.

Le passage de la rive gauche sur la rive droite est bien entendu favorisé par l'existence de ces ouvrages.

En fait de redoutes, on rencontre sur la rive gauche du Rhin :

Deux à Rumersheim, à six lieues en aval de Huningue.

Une à Nampsheim, à deux lieues en amont de Neuf-Brisach.

Une en amont et trois en aval de Geiswasser.

Deux en amont de Vogelgrun, près de Neuf-Brisach, plus le fort Mortier.

Deux en aval du fort Mortier, l'une à Biesheim, l'autre à Palzenheim.

Une vis-à-vis du village badois de Sasbach.

Une en aval de Schœnau.

Une en amont de Diebolsheim.

Une en amont de Rheinau.

Une à Gersheim, à deux lieues en aval de Rheinau.

Une en aval de Plobsheim, avec une caserne de la douane.

Une à Neuhof et un peu plus haut une caserne de la douane.

Toutes ces redoutes sont situées en amont de Strasbourg. En aval de cette place forte, on trouve encore :

Une à la Ruprechtsau.

Une au-dessus de Wantzenau, appelée redoute Isaak.

Une en aval d'Offendorf.

Une en amont de Drusenheim et deux à Stattmatten, vis-à-vis de Stollhofen.

En tout, il y a donc vingt-quatre redoutes, un fort et deux casernes de la douane qu'on peut organiser facilement pour la défense.

En aval des dernières redoutes, on trouve encore le fort Louis, situé dans une île, et Lauterbourg, dont les fortifications viennent toucher le Rhin.

Ainsi l'on rencontre le long de ce fleuve et répartis environ de lieue en lieue :

Vingt-quatre redoutes.

Deux casernes de la douane.

Deux forts.

Trois places fortes : Neuf-Brisach, Strasbourg et Lauterbourg.

Une forteresse : Schelestadt, à sept lieues de distance du Rhin.

Une place forte rasée : Huningue.

Un fort rasé : Abatucci.

Tous deux pourront être organisés très-facilement pour la défensive.

Les digues qui accompagnent la rive gauche du Rhin règnent d'une façon presque continue de Huningue à Lauterbourg. Il n'existe en effet d'interruptions que depuis Neudorf, près de Huningue, jusqu'à une lieue et demie en amont de Kembs, ensuite sur une petite longueur en amont de Hombourg, puis entre Illkirsch et Plobsheim, enfin en amont de Strasbourg.

En revanche, ces digues sont multiples en bien des endroits. Diverses constructions destinées à resserrer le lit du fleuve peuvent également être organisées pour la défense.

Les moyens de défense accumulés sur la rive gauche du Rhin sont établis sur tous les points où l'ennemi pourrait tenter le passage de ce fleuve. Dans tous les cas, ils servent admirablement à surveiller toute tentative de passage et à abriter les hommes destinés à la combattre.

A Vieux-Brisach et en aval de Strasbourg, des digues sont également établies sur la rive droite du Rhin. Mais on n'y rencontre pas d'autre place forte que Rastadt, depuis Fort-Louis jusqu'à Lauterbourg.

6

En amont de Kehl, on trouve quelques redoutes tombées en ruine.

Cette ancienne place forte est mise en communication avec Strasbourg au moyen d'un pont de bateaux. On a construit également un pont permanent de chemin de fer. Ce sont les seuls ponts établis sur le Rhin, le long de la frontière française.

§ 22. — Obstacles naturels à la marche le long de la rive gauche
du Rhin.

Des forêts marécageuses règnent d'une façon presque continue le long de la rive gauche du Rhin, depuis Huningue jusqu'à Marckolsheim situé en aval de Neuf-Brisach. La plus considérable d'entre elles est le Hartwald, qui s'étend jusqu'à sept lieues en aval de Huningue. Les nombreuses îles du Rhin sont également couvertes de bois. De larges prairies et de grandes forêts s'étendent en aval de Strasbourg.

Le canal du Rhône au Rhin a une direction parallèle à ce fleuve. Il débouche du Doubs à Clerval, suit entre Besançon et Belfort une vallée secondaire du Doubs qui descend du versant sud des Vosges, entre ensuite dans la vallée de l'Ill, qui a son origine sur le Jura à l'ouest de Bâle, passe à Mulhouse et Neuf-Brisach et se jette dans l'Ill aux environs de Strasbourg.

Le canal de Neuf-Brisach sort de l'Ill à Ensisheim, passe à Neuf-Brisach et retourne à l'Ill en aval de Schelestadt.

Un embranchement du canal du Rhin au Rhône

part du bassin situé au nord-est de Mulhouse, passe par Groskembs et se jette dans le Rhin à Huningue.

A partir de Groskembs, sa direction est parallèle à celle de ce fleuve.

L'Ill coule parallèlement au canal principal, passe par Altkirch, Mulhouse, Colmar, Schelestadt et se jette dans le Rhin à Strasbourg. Elle est entourée, ainsi que ses affluents qui descendent des Vosges, de prairies et de forêts marécageuses.

En aval de Mulhouse, elle a déjà plus de cent pas de largeur. En raison de tous ces obstacles naturels, les troupes qui opéreront dans la vallée du Rhin ne pourront guère suivre que les routes existantes. Il ne sera donc pas facile de traverser cette vallée avec des corps d'armée considérables pour passer les Vosges et entrer dans la vallée supérieure de la Moselle, surtout si tous les points de passage sont bien gardés.

Les versants des Vosges qui descendent dans la vallée du Rhin et de la Moselle, et surtout les premiers, sont très-escarpés; le versant sud de cette chaîne de montagnes, qui touche la route de Bâle à Paris par Belfort et Langres, est au contraire à pente douce.

Outre cette route principale, il y a encore les routes suivantes qui font communiquer la vallée du Rhin, entre Strasbourg et Mulhouse, à la vallée de la Moselle par dessus les Vosges.

a. La route de Mulhouse aux sources de la Moselle

par Thann et le ballon d'Alsace, puis le long de cette vallée par Épinal, Nancy, Toul, Neufchâteau. Cette route a de nombreuses communications avec les routes avoisinantes et même avec la route principale qui passe par Langres.

b. La route qui part de Colmar se dirige au sud-ouest, passe à Munster, puis à Remiremont dans la vallée de la Moselle; de là à Plombières, etc., etc.

c. La route qui part de Colmar se dirige au nord-ouest et conduit d'une part dans la vallée de la Meurthe, en passant par Saint-Dié, Raon-l'Étape, etc., et d'autre part dans la vallée de la Moselle par Bruyères, Rambervillers, etc.

d. La route de Marckolsheim ou de Schelestadt aux mêmes endroits ou bien encore à Schirmeck dans la vallée de la Bruche.

e. La route qui part de Benfelden et conduit dans la vallée de la Meurthe en passant par la vallée de la Bruche.

f. Enfin la route de Strasbourg à Raon-l'Étape par Molsheim et la vallée de la Bruche.

Toutes ces routes passent à travers des vallées étroites et en partie boisées, et ne forment à vrai dire que des défilés aussi faciles à fermer qu'à défendre.

Il n'en est pas de même des grandes routes de Strasbourg à Paris par Phalsbourg, Lunéville, etc., et de Bâle par Belfort et Langres. Si deux armées marchent le long de ces routes, les troupes de la défense seront forcées d'abandonner la ligne des Vosges,

qui alors pourra être traversée par des corps opérant
sur les ailes des armées principales.

§ 23. — Dispositions contre le passage du Rhin de la rive droite
sur la rive gauche entre Huningue et Strasbourg.

Les ouvrages de fortification dont il vient d'être
question permettent à la défense de s'opposer assez
facilement à un passage du Rhin entre Huningue et
Strasbourg. Grâce au chemin de fer de la vallée du
Rhin, on pourra d'ailleurs transporter successivement
de nombreux renforts sur le point de passage choisi
par l'ennemi.

En admettant que les fortifications de Huningue
soient rétablies, ce qui aura certainement lieu soit
pendant qu'on se préparera à la guerre, soit au commencement des hostilités, une armée française de
100 000 hommes, non compris les défenseurs des
places fortes, pourra par exemple prendre les dispositions suivantes pour s'opposer au passage du Rhin,
entre Huningue et Strasbourg, par une armée allemande. Il est inutile de s'occuper d'un passage entre
Strasbourg et Lauterbourg, car pour faire arriver
une armée dans cette partie de la vallée du Rhin, on
lui fera opérer déjà sur le territoire allemand le passage de ce fleuve.

Ces 100 000 hommes pourront être répartis de la
façon suivante le long de la portion de la vallée qu'il
s'agit de défendre :

20 000 hommes dans les redoutes ou sur d'autres points convenablement choisis. L'artillerie à cheval de l'armée de défense, et une grande partie de la cavalerie légère feront partie de cet effectif.

Les autres troupes seront placées aux stations principales du chemin de fer, qui sont éloignées de trois à quatre lieues du Rhin, à savoir :

15 000 hommes à Schelestadt, à dix lieues en amont de Strasbourg.

15 000 hommes à Colmar, à cinq lieues en amont de Schelestadt.

15 000 hommes à Rouffach, à trois lieues en amont de Colmar.

20 000 hommes à Mulhouse, à six lieues en amont de Rouffach.

15 000 hommes à Huningue, à six lieues en amont de Mulhouse.

Total : 100 000 hommes.

Il ne faudra pas plus de trois à quatre heures pour transporter des troupes par le chemin de fer de Schelestadt à Huningue, distants de vingt lieues l'un de l'autre.

Les troupes ont été réparties le long de la portion de la ligne de chemin de fer qui se trouve au sud de Schelestadt, quoiqu'il ne soit guère admissible que l'attaquant cherche à jeter un pont entre Neuf-Brisach et Rheinau, aurait-il même suivi les vallées de la Dreisam, de l'Elz et de la Kinzig au lieu de marcher directement sur Bâle, afin de donner le change aux défenseurs sur le point de passage choisi. Il ne voudra pas en effet traverser les Vosges par les défilés

les plus difficiles ou remonter après le passage la
vallée du Rhin pour regagner la route de Bâle à
Belfort.

Un passage du Rhin entre Schelestadt et Strasbourg
n'est pas plus probable, car il faudra l'opérer en présence des fortes garnisons de ces deux places, puis
s'avancer dans la vallée du Rhin qui, dans cette partie,
est coupée par de nombreux petits cours d'eau, et
enfin traverser les Vosges aux points de passage les
plus difficiles.

L'armée allemande peut, il est vrai, tirer parti, de
son côté, du chemin de fer de la rive droite et tenter
le passage du fleuve en divers endroits, afin de trom-
per le défenseur sur le point de passage réel. Mais
comme l'armée allemande ne pourra pas transporter
du matériel de pont en excédant, car il lui en faut
déjà une quantité considérable pour jeter un pont sur
le Rhin ; que, d'un autre côté, l'établissement de ce
pont exigera beaucoup de temps, le défenseur sera
toujours averti en temps utile, au moyen de signaux
ou par le télégraphe, du point de passage choisi, et
il pourra prendre ses dispositions en conséquence.

On peut choisir comme points de passage : Petit-
Kembs, Rheinweiler, Bellingen et Neuenburg. De
tous ces endroits, on peut gagner directement ou par
Mulhouse la ligne d'opérations de Bâle, ou bien arriver sur la route de Thann.

On peut encore citer comme bons points de passage : Sasbach, Wyhl, Kappel et Wittenweyher, puis
Freistett et Plittersdorf, en aval de Strasbourg ; enfin

le confluent de la Murg et du Rhin. Mais ils sont tous trop éloignés de Bâle.

Admettons donc que le passage du Rhin s'opère entre Huningue et Neuenbourg, éloignés de six lieues l'un de l'autre. Les 35 000 hommes qui occupent Mulhouse et Huningue pourront s'y rendre directement à pied. Les 15 000 hommes placés à Rouffach seront transportés par le chemin de fer jusqu'à Mulhouse et se rendront ensuite à pied au point de passage. Six heures en moyenne suffiront pour cette opération. Le premier transport de 5000 hommes s'effectuera au moyen de cinq ou six convois, traînés chacun par deux locomotives et se suivant à une certaine distance. Ces troupes seront arrivées en une heure à Mulhouse, et trois heures après au point de passage.

Le matériel retournera à Rouffach pour transporter de nouveau 5000 hommes qui seront rendus à Mulhouse trois heures après le commencement de l'opération, et au point de passage au bout de six heures. Enfin, les derniers 5000 hommes y arriveront au bout de huit heures. Si l'artillerie et la cavalerie, qui font partie de ces divisions, ont été réparties dans les villages qui se trouvent le long de la route de Colmar à Mulhouse, elles pourront être rendues au point de passage à peu près en même temps.

Ainsi, sans parler des troupes établies le long du Rhin, qui se seront également réunies au point de passage, on pourra y opposer à l'ennemi, au bout de quatre heures, 25 000 hommes, 45 000 (en y com-

prenant les troupes de Huningue) au bout de cinq
heures et plus de 50 000 au bout de huit heures. Mais
si le chemin de fer est à deux voies, on pourra diriger sur Mulhouse d'autres convois de 5000 hommes,
partant de Colmar et de Schelestadt, et auxquels il faut
une heure et demie et deux heures et demie pour y être
rendus. On dirigera immédiatement ces forces sur le
point de passage, de façon à y réunir 25 000 hommes
au bout de quatre heures, et plus de 50 000 (y compris les 15 000 de Huningue et ceux postés le long du
Rhin) au bout de cinq heures et demie.

En admettant que l'armée allemande puisse transporter de la rive droite sur la rive gauche, au moyen
de ses bateaux, environ 3000 hommes par heure, elle
n'aura, au bout de quatre heures, que 12 000 hommes
sur cette rive, tandis que les forces de la défense s'y
élèveront à 25 000 hommes. Il faut encore observer
qu'au bout de ce temps le pont ne sera pas encore
achevé, car en supposant même qu'on ne s'oppose
pas d'une façon sérieuse à sa construction, il faudra
certainement de quatre à six heures pour établir un
pont de plus de cinquante travées.

Grâce à ces dispositions défensives, le passage du
Rhin sera presque une opération impossible si l'on ne
transporte pas immédiatement sur la rive gauche une
plus grande quantité de troupes au moyen des ponts
volants ou au moyen de bateaux réunis en d'autres
points, afin de rejeter les défenseurs au fur et à mesure de leur arrivée.

Les 20 000 hommes qui forment les postes d'observation le long du Rhin pourront être répartis de la façon suivante. Un corps de :

1°   3000 hommes, composé de 4 bataillons, 4 escadrons et d'une batterie à cheval, à et près de Grand-Kembs. Ce corps fait partie de celui de Huningue.

2°   1500 hommes, composé de 2 bataillons, 2 escadrons et une demi-batterie à cheval, à Klein-Landau.

3°   1500 hommes, composé de la même façon, entre Homburg et Rumersheim, avec occupation des deux redoutes qui s'y trouvent.

Ces deux corps font partie du corps de Mulhouse.

4°   3000 hommes composé de 4 bataillons, 4 escadrons et d'une batterie à cheval entre Rumersheim et Nampsheim, avec occupation des routes. Ce corps fait partie de celui de Rouffach.

5°   4000 hommes, composé de la même façon, est placé dans les redoutes entre Nampsheim et Marckolsheim. Ce corps fait partie de celui de Colmar.

6°   3000 hommes, observe le Rhin et occupe les redoutes entre Marckolsheim et Diebolsheim.

7°   4000 hommes, occupe les redoutes entre Diebolsheim et Plobsheim. Sa réserve se trouve à Benfelden. La garnison de Strasbourg surveille également le Rhin jusqu'à Plobsheim.

Total : 20 000 hommes.

Ces 20 000 hommes ne sont pas compris dans la composition numérique des corps stationnés à Huningue, Mulhouse, Rouffach, Colmar et Schelestadt.

Ils forment 28 bataillons, 24 escadrons et 6 batteries à cheval, sont éloignés de leurs corps de trois à quatre lieues et peuvent par conséquent être soutenus par eux et au besoin les rejoindre facilement. Une route de communication existe le long de la rive gauche du Rhin.

On devra avoir soin de leur préparer d'avance des points de passage sur l'Ill et sur le canal du Rhône au Rhin, qui pourront être occupés par des troupes de soutien.

La cavalerie formera des patrouilles pour surveiller les rives du Rhin. L'infanterie occupera les positions qui permettront d'exercer également cette surveillance. Des signaux avertiront les corps principaux des mouvements de l'ennemi.

§ 24. — Passage du Rhin supérieur par une armée allemande.

Une armée allemande qui se propose de suivre la ligne d'opérations qui se dirige sur Paris en passant par Belfort et Langres pourra tenter le passage du Rhin aux endroits suivants :

1° Au rentrant, vers la rive droite formé par le Rhin, entre Petit-Huningue et Markt. Ce point se trouve, il est vrai, très-rapproché de l'ancienne place forte de Huningue dont les ouvrages auront pu être rétablis; mais en revanche, il présente bien des avantages. Les abords sur la rive droite en sont faciles ; les transports des équipages de pont pourront s'effectuer sur de bonnes routes; les chemins de fer y conduiront et les troupes de la vallée du Rhin et celles des vallées avoisinantes de la forêt Noire ; le fleuve y est peu large ;

enfin la ligne d'opération de la rive gauche en est très-rapprochée.

2° A Petit-Kembs ; les abords en sont faciles, la rive droite domine la rive gauche ; le fleuve a peu de largeur, renferme des îles sur lesquelles on peut s'établir ; enfin le point de passage est peu éloigné de la ligne d'opérations. Mais, d'un autre côté, la forêt, traversée par une chaussée qui se trouve sur la rive gauche, derrière Grand-Kembs (le Hartwald), offre une excellente position aux troupes de la défense.

3° A Rheinweiler ou Bamlach.

4° A Bellingen qui offrent les mêmes avantages que Petit-Kembs ; seulement la rive droite est plus escarpée, et ils sont plus éloignés de la ligne d'opérations. Mais le chemin de fer de la rive droite est très-rapproché du fleuve ; la forêt de la rive gauche en est plus éloignée qu'à Petit-Kembs, et l'on n'y rencontre aucun ouvrage de fortifications.

5° Enfin à Neuenburg ou Zinken. Ici la rive gauche est occupée par quelques redoutes, et il faut un matériel plus considérable pour la construction du pont. Aucune des deux rives n'est dominante ; mais on y peut faire à couvert les préparatifs nécessaires pour l'établissement du pont, en travaillant d'abord sur un bras formé par le Rhin. De plus, la forêt de la rive gauche en est éloignée, et elle est traversée par une route, par laquelle on peut gagner la ligne d'opérations en se dirigeant sur Mulhouse.

Pour l'établissement d'un pont aux trois premiers endroits, il faut environ cinquante chevalets à la Birago ; à Bamlach et Bellingen, il en faut soixante et peut-être davantage en tenant compte du bras formé par le Rhin ; enfin à Neuenburg et Zinken, il en faut plus de cent.

Pour favoriser l'opération du passage du Rhin, en admettant toutefois que le défenseur ne s'y prépare pas de son côté, on fera arriver l'armée du Haut-Rhin par les vallées de la forêt Noire comprises entre Kehl et Bâle. Tout le matériel disponible du chemin de fer badois devra être réuni aux points principaux occupés par les troupes au sud d'Offenburg, de façon à pouvoir transporter au moment voulu, sur le point de passage choisi, tout le matériel et une quantité suffisante de troupes. En les voyant d'abord uniformément réparties le long du fleuve, le défenseur ne saura pas en quel point le passage s'opérera. On simulera d'ailleurs en plusieurs points de sérieux préparatifs de passage, sans diminuer pour cela les forces qui doivent être réunies sur le point de passage réel.

Admettons, par exemple, qu'on veuille établir le pont entre Rheinweiler et Bellingen, au point où le Rhin forme un rentrant vers la rive droite, et n'est pas encore très-large. Le chemin de fer de la rive droite passe ici à très-peu de distance du Rhin, et les contre-forts de la forêt Noire s'en rapprochent également beaucoup, et offrent de bonnes positions pour la mise en batterie de nombreuses bouches à feu.

Si le matériel du chemin de fer, qui est à deux voies, est suffisant, on pourra faire partir simultanément d'Offenburg, de Kenzingen et de Freiburg, au moins 5000 hommes répartis en cinq convois traînés par deux locomotives. On fera arriver dans la même nuit, sur le point de passage, les corps postés entre Lorrach et Heitersheim, qui n'en sont distants que de trois à quatre lieues. En faisant passer toutes ces troupes sur la rive opposée, soit à l'aide de bateaux et de canots, soit au moyen de ponts volants qui pourront être établis à Kembs, en aval de Bellingen, à Neuenburg, etc., on sera en mesure de commencer immédiatement la construction du pont. On simulera en même temps des préparatifs de passage un peu plus en aval, par exemple à Neuenburg, Sasbach et Kappel. En huit minutes, un pont volant, formé de quatre pontons à la Birago, peut passer le Rhin, large de 200 à 250 mètres, transporter sur la rive ennemie 150 hommes ou une pièce d'artillerie, et revenir à la rive droite. En une heure, on fera donc passer environ 1100 hommes. En joignant deux bateaux au pont volant, le chiffre de 150 pourra être élevé pour chaque voyage à 500, de sorte qu'au bout d'une heure on aura pu jeter 3750 hommes sur la rive gauche. Cela suppose bien entendu qu'il existe, ou tout au moins qu'on établisse des rampes sur les deux rives pour permettre l'embarquement et le débarquement, et que l'ennemi ne s'oppose pas à cette dernière opération. Il faut donc avant tout faire passer des troupes chargées de le chasser du point de débarquement. Les chiffres précédents seront doublés si l'on fait passer les troupes sur la rive gauche, simultanément en aval et en amont du point où le pont doit être établi. On augmentera bien davantage le nombre des pontons si le matériel le permet.

Il faut cinq minutes pour construire une travée; le pont de Bellingen étant formé de soixante travées exigera par conséquent cinq heures de travail, ou plutôt six heures, en tenant compte des pertes de temps.

En admettant l'existence de deux ponts volants seulement, on peut donc, d'après ce qui précède, avoir jeté sur la rive ennemie de 10 à 12 000 hommes, et même dans le cas le plus favorable 20 000 et davantage, si toutefois le défenseur ne s'oppose pas vivement au débarquement. On cherchera d'ailleurs à l'en éloigner par l'action de feux d'artillerie très-vifs.

L'occupation des îles par des forces suffisantes favorisera la réussite du passage du fleuve.

Si les moyens de transport peuvent être doublés, on pourra faire passer plus de 40 000 hommes sur la rive gauche pendant la construction du pont. On cherchera à atteindre ce résultat pour assurer le succès d'une entreprise de cette importance, car nous avons vu que le défenseur peut réunir sur le point de passage 25 000 hommes au bout de quatre heures, 45 000 dans l'espace de cinq heures et 50 000 en huit heures de temps.

La concentration des troupes sur la rive droite pourra s'opérer de la façon suivante :

Quelques jours avant l'opération du passage du Rhin, on mettra en mouvement la cavalerie et l'artillerie stationnées au sud d'Offenburg pour les réunir au point de passage. On leur fera suivre la grande

route qui se trouve à quelques lieues de distance du
fleuve ; de cette façon, le transport par les voies ferrées
sera réservé uniquement à l'infanterie. Ces mouvements pourront bien être connus des défenseurs ; mais
en ordonnant en même temps un mouvement général
pour toutes les troupes placées à proximité du Rhin,
et en opérant une tentative de passage entre Neuf-Brisach et Rheinau, on les induira quand même en erreur
sur la position du point de passage réel.

Si le défenseur s'y laisse prendre et concentre une
partie considérable de ses troupes aux environs de
Neuf-Brisach, il lui sera ensuite très-difficile de faire
arriver ses forces au point où l'on exécutera le passage
du fleuve, en raison de la distance qui le sépare de la
ligne du chemin de fer.

Il existe dans la forêt Noire, et dans un cercle de
quatre lieues de rayon décrit autour de Bellingen,
assez de villages pour loger 20 000 hommes. En les
mettant en marche en temps opportun, ils arriveront
à Bellingen, avant qu'on n'ait commencé la construction du pont, et sans que le défenseur ait pu s'apercevoir de cette concentration de forces. Au même instant
on peut également avoir amené 20 000 hommes par
le chemin de fer, au moyen de deux convois partant
de Freiburg, d'un convoi partant de Kenzingen, et
d'un quatrième amenant les troupes postées à Offenburg. Seulement il y a lieu d'observer que la voie
ferrée se rapproche de plus en plus du Rhin, et vient
à le toucher près du point de passage. Le défenseur
pourra donc s'apercevoir facilement de ces mouve-

ments de troupe et réunir ses forces sur le point de débarquement ; aussi sera-t-il préférable de ne rassembler tout d'abord que les hommes qui pourront être rendus à pied sur le point de passage, et de n'utiliser que plus tard les transports par le chemin de fer.

Il est certain que l'établissement d'un pont sur le Rhin n'est pas une entreprise aisée en présence des facilités que possède le défenseur de concentrer rapidement ses forces, si l'on n'a pas pris ses dispositions pour lui opposer à chaque instant des forces supérieures.

Si la neutralité de la Suisse est respectée, et qu'on ne puisse passer le Rhin ni sur le pont de Bâle, ni en amont de cette ville, il faudra bien se décider à l'établissement d'un pont entre Bâle et Kehl. Cette opération sera favorisée par l'action d'une armée qui aura envahi la France par la vallée de la Moselle ou par celle de la Sarre, menacera les derrières de l'armée française du Rhin, et l'obligera peut-être à se retirer.

De ce qui précède, on peut conclure que les résultats les plus décisifs seront dus aux opérations des armées de la frontière du nord, et principalement de la frontière de la Belgique. Aussi le gouvernement français cherchera-t-il à s'emparer de ce pays, sans lequel les provinces allemandes de la rive gauche du Rhin, qui sont enclavées entre ce fleuve et la Belgique, auraient peu de valeur pour la France.

§ 25. — Ligne d'opérations d'une armée par Bâle et Belfort, après le passage du Rhin. Passage de la Saône.

Après le passage du Rhin et la retraite des défenseurs, l'armée d'invasion bloquera Neuf-Brisach et Schelestadt, soit en y détachant une partie de ses forces, soit en faisant passer le Rhin sur des ponts établis à proximité de ces places aux troupes restées sur la rive droite. Strasbourg et les petites places, placées en aval de cette forteresse, sont supposées investies ou assiégées par des corps spéciaux ; on transportera rapidement par le chemin de fer toutes les troupes qui n'auraient pas encore rejoint l'armée principale.

Le défenseur n'a aucune raison pour chercher à se maintenir dans la vallée du Rhin ; son arrière-garde couvrira la retraite sur la grande route de Paris. Les troupes placées en aval du point de passage pourront renforcer les garnisons des places fortes, ou se retireront dans les vallées de la Meurthe et de la Moselle en traversant les Vosges.

Sur une étendue de deux à quatre lieues, de chaque côté de la route de Bâle à Belfort par Altkirch, le terrain est peu accidenté, et couvert de lacs peu considérables et de nombreuses petites forêts qui s'étendent jusqu'aux Vosges et au Jura. Il est, en outre, traversé par de petits cours d'eau, parmi lesquels ceux de Saint-Nicolas, de la Savoureuse et de la Lisaine sont les plus importants. Tous trois se jettent dans le Doubs, et descendent du versant sud de la chaîne des Vosges ; leurs directions sont perpendiculaires à celle de la route. La Savoureuse qui passe à Belfort offre une bonne position défensive, dont les ailes pourront trouver des points d'appui, d'une part, à la forêt d'Arsot et au lac de la Forge, et d'autre part à Montbéliard et à l'Haleine.

Pour tourner l'aile gauche, l'ennemi devra s'avancer fortement dans les Vosges, en raison des nombreux lacs situés au nord de Belfort. L'aile droite ne pourra être tournée que si l'attaquant suit de prime abord la route de Bâle à Montbéliard par Delle, ou bien s'il se dirige d'abord sur Dannemarie, située sur la route de Paris, à l'ouest d'Altkirch, pour marcher ensuite sur Delle.

Il s'engagera après sur la route de Villersexel et Frotey, et rejoindra à Vesoul la route de Bâle à Paris, passant par Altkirch, Belfort et Lure.

Deux voies ferrées peuvent conduire à Belfort : la ligne de la Marne qui passe à Langres et Vesoul, et l'embranchement de la ligne de Paris à Lyon qui part de Dijon, et passe à Besançon en suivant la vallée du Doubs. Cette circonstance augmente encore l'importance de la position de Belfort.

Le camp retranché de Belfort, qui peut renfermer un corps de troupes considérable, domine les vallées du Rhin, de la Moselle et la Saône, et se trouve à peu de distance de la frontière. Douze lieues le séparent du Rhin, et quatre lieues (comptées à partir de Delle) de la frontière de la Suisse. Son influence s'exerce jusqu'à Strasbourg, Metz et Lyon.

Les troupes qui y seront postées pourront résister à l'armée d'invasion, qu'elle débouche de Bâle, des

Vosges, du Jura ou de Besançon. Il n'est éloigné que
de deux à trois journées de marche des sources de la
Moselle, de la Meuse, de la Marne, de l'Aube et de la
Seine, et de quatre à cinq journées de marche seulement des routes de Strasbourg, de Schelestadt et de
Neuf-Brisach à Paris. Les troupes de la défense pourront donc facilement tomber sur les derrières d'une
armée d'invasion. La position de Belfort ferme, en
outre, la trouée qui existe entre les Vosges et le Jura,
et facilite la défense de l'Alsace, de la Lorraine et des
départements de la Saône. Il constitue une position
intermédiaire entre la position de Lyon et celles de
Paris et Soissons.

Un camp retranché, formé de deux à trois forts
extérieurs réunis par des lignes à la place qui serait
établi autour de Strasbourg, exercerait une action
analogue au point de vue de la défense des départements du Rhin, de la Moselle, de la Meuse et de la
Marne, et menacerait également les derrières d'une
armée qui aurait pénétré dans l'intérieur de la France.

Les conditions topographiques et la position de Belfort pourront obliger l'armée, qui opère sur la route
de Bâle à Paris, de détacher immédiatement deux
corps latéraux : celui de droite suivrait la route qui
passe à Mulhouse, Thann, la Roche-Luxeuil, etc.;
celui de gauche s'engagerait, à partir de Hesingen
près de Bâle, sur la route de Delle, Montbéliard, etc.
Ces deux corps opéreront à une distance de deux à
sept lieues de l'armée principale, et auront avec elle
de nombreuses communications transversales.

Le corps latéral de droite sera obligé de passer sur la partie la plus haute des Vosges, et de traverser le défilé boisé de quatorze lieues qui sépare Thann de Luxeuil ; il suivra le cours supérieur de la Moselle depuis le Ballon d'Alsace jusqu'à la Roche, et ensuite la vallée du Breuchin jusqu'à Luxeuil. Il devra en conséquence être composé principalement d'infanterie, n'avoir avec lui que des pièces d'artillerie très-légères, et ne comprendre que peu de cavalerie.

Ce corps pourra attaquer l'aile gauche de la position de Belfort en suivant la route qui part de Saint-Maurice, situé sur le Ballon d'Alsace, et longe la vallée de la Savoureuse. Le corps latéral de gauche dirigera ses attaques, à partir de Delle, contre l'aile droite de la position de Belfort, et le gros de l'armée en attaquera le centre.

Une armée de 30 à 40 000 hommes, réunie dans le camp retranché de Belfort, pourrait arrêter pendant longtemps l'armée d'invasion de Bâle. Si cette dernière voulait continuer sa marche sur Paris, sans être exposée à avoir ses communications coupées, elle serait dans la nécessité de s'emparer de vive force de cette position, ou de laisser dans ce pays de peu de ressources la plus grande partie de ses forces ; mais alors elle serait par trop affaiblie pour continuer sa marche d'invasion. Le corps d'observation serait d'ailleurs exposé aux attaques simultanées de l'armée de Belfort et des corps de troupes qui pourraient déboucher du Jura et des Vosges, et il risquerait fort d'être écrasé.

Si le camp retranché de Belfort n'existait pas, et que l'armée française se fût retirée, l'armée d'invasion laisserait seulement en arrière un corps chargé de bloquer la place forte, et passerait à gauche de cette place, par exemple par Bessoncourt et Chèvremont, etc., pour regagner ensuite la route de Paris, en suivant le chemin de grande communication qui passe à Héricourt, et aboutit à Roye près de Lure, si toutefois il ne lui est pas possible de la rejoindre déjà à Chalonvillars ou Frahier.

Le corps latéral de gauche se dirigera de Delle à Montbéliard, et atteindra à Villersexel l'Oignon qui prend sa source au Ballon d'Alsace, coule d'abord dans une direction sud-ouest et se jette dans la Saône. Le gros de l'armée aura également à traverser cette rivière à Lure sur la route de Paris. Mais comme les hauteurs de la rive gauche y dominent celles de la rive droite aussi bien à Lure qu'à Villersexel, il n'y a pas lieu de s'attendre à une forte résistance de la part de la défense ; mais il pourra ne pas en être de même lors du passage de la Saône.

La Saône prend sa source sur le contrefort des Vosges, qui part du Ballon d'Alsace, se dirige au nord-ouest, longe la Moselle jusqu'à Épinal, prend ensuite une direction ouest jusqu'à Langres, et sépare la Saône qui coule au sud de la Moselle, de la Meuse et de la Marne qui coulent au nord.

La Saône reçoit toutes les rivières qui descendent du versant sud de ce contre-fort, ainsi que les cours d'eau qui prennent leurs sources sur le versant nord-ouest du Jura, et parmi lesquels le Doubs est le plus important.

Cette rivière prend sa source au sud de Pontarlier, situé à proximité de la frontière de la Suisse. Elle coule d'abord au nord-est, parallèlement à cette frontière et au Jura (sur une étendue de vingt lieues) ; aux environs de Porrentruy, elle se dirige à l'ouest jusqu'à Saint-Hippolyte sur une longueur de cinq lieues, puis au nord vers Montbéliard (également pendant cinq lieues), et enfin au sud-ouest à dix lieues de distance, et parallèlement à son cours supérieur. Elle passe à Besançon et se jette dans la Saône à Verdun-sur-Saône, distant de Montbéliard de trente-six lieues.

A partir de Verdun, la Saône coule au sud et se jette dans le Rhône à Lyon. Depuis sa source jusqu'à Godoncourt, qui en est éloigné de six lieues, la Saône est peu importante. La vallée est étroite et dominée par des hauteurs boisées, et pour la plupart escarpées. Il en est de même des vallées des affluents de cette rivière, qui descendent du versant des Vosges compris entre Épinal et le Ballon d'Alsace, et s'y jettent en amont de Godoncourt. A partir de cette ville, la vallée cesse d'être étroite, et atteint dans certaines parties jusqu'à mille pas de largeur. Ses versants sont moins boisés, à pentes variables, et cessent d'être escarpés.

Entre Godoncourt et Port-sur-Saône, la Saône reçoit à gauche le Coney et la Lanterne, tous deux importants, ainsi que la Superbe qui est moins considérable. Ses affluents de droite sont l'Apance, l'Amance et la Lougeotte.

Aussi à Port-sur-Saône et après un parcours de
quinze lieues, la Saône possède déjà la même importance que la Moselle à Metz. L'armée française y trouvera une bonne position défensive sur la rive droite :
la rivière qui y forme un coude très-prononcé servira elle-même de points d'appui aux ailes.

Il est vrai que les hauteurs de la rive gauche y sont
dominantes et qu'il ne serait pas prudent de se maintenir longtemps dans cette position. Elle présente
néanmoins un grand avantage, en ce qu'elle oblige
l'armée envahissante de s'y arrêter pour déployer ses
forces et de la tourner, de sorte que les défenseurs,
qui ne trouvent plus de position défensive jusqu'à la
place de Langres, auront le temps nécessaire de s'y
retirer. La forêt qui s'étend à l'ouest de Port-sur-
Saône et à une petite distance de la rive droite, permettra de couvrir cette retraite ; mais si l'ennemi
parvenait à tourner cette forêt par Port-d'Atellier, il
ne faudrait plus songer à la défendre.

Pour tourner la position de Port-sur-Saône, l'aile
droite de l'armée envahissante suffisamment renforcée, s'avancera de Luxeuil vers Faverney, situé sur
la Lanterne, et marchera ensuite vers Port-d'Atellier-
sur-Saône ; le centre de l'armée se dirigera sur Port-
sur-Saône, et l'aile gauche qui est arrivée à Vesoul
par Montbéliard et Villersexel, marchera sur Traves
qui est également situé sur la Saône.

On trouve des ponts sur la Saône à Soing, à Traves,
Scey, Pont-sur-Saône et Port-d'Atellier. Conflandey
au confluent de la Lanterne, Chemilly, Bucey-les-

Traves, Cubry-les-Soing, situés en aval de Port-sur-Saône, et beaucoup d'autres rentrants constituent d'ailleurs d'excellents points de passage.

§ 26. — Marche depuis la Saône jusqu'à Langres. — Importance de cette place.

L'aile droite de l'armée d'invasion marchera de Port-d'Atellier sur Jussey, Bourbonne-les-Bains et Montigny, et atteindra la Marne à Chaumont-en-Bassigny.

Elle traversera la Meuse près de sa source au village de Meuse.

Le centre s'avancera sur la route de Langres et pourra ensuite remonter la Marne jusqu'à Chaumont.

L'aile gauche seule sera obligée de suivre des chemins vicinaux; mais à Vaite elle pourra s'engager sur l'ancienne route romaine, à moins qu'elle ne préfère suivre la route de Besançon à Langres qu'elle rencontrera un peu plus loin.

Ces trois corps d'armée auront leurs communications assurées par la route de Jussey à Vaite qui passe à Combeau-Fontaine et Cintrey, par celle de Jussey et de Bourbonne-les-Bains à Champlitte, passant par la Folie, et enfin par la route de Longeau à Montigny par Langres.

Les trois premières traversent la grande route de Langres à Combeau-Fontaine, Cintrey et la Folie. Langres forme le point le plus important de toute la ligne d'opérations : c'est le point de croisement des routes qui conduisent à la Saône, au Rhône, à la Marne, à la Meuse, à la Moselle, à la Sarre, au Rhin et enfin à la Seine.

Aussi le plateau de Langres convient-il admirablement à l'organisation d'un camp retranché ou d'une importante position défensive fortifiée pour couvrir Paris contre une armée d'invasion débouchant par la vallée du Rhin ou par celle de la Sarre, de même que la position de Soissons couvrira la capitale au Nord et arrêtera dans leur marche les armées d'invasion qui débouchent de la Belgique et de Luxembourg.

Le camp retranché de Langres a la même importance au point de vue de la défense de Lyon, en menaçant les derrières d'une armée d'invasion qui opère le long des vallées du Doubs et de la Saône pour marcher sur cette place forte.

La ville de Langres est située à l'extrémité nord d'un plateau escarpé d'une lieue et demie de longueur et de largeur, sur lequel passent les routes de Bâle à Paris et de Dijon à Neufchâteau. Elle est entourée simplement d'un vieux mur d'enceinte établi à l'ouest, au nord et à l'est sur le sommet des escarpements qui entourent le plateau.

En retranchant de la même façon le plateau tout entier, ne serait-ce même qu'avec des ouvrages de campagne qui pourraient être construits avant ou pendant la guerre, on obtiendrait un camp retranché pouvant contenir de 40 000 à 60 000 hommes.

Le plateau de Langres non fortifié forme déjà une bonne position défensive avec appuis pour les ailes : des ruisseaux et des villages en protégent les abords. Une attaque contre cette position n'a des chances de succès que si elle est entreprise avec des forces supérieures.

La position de Langres pourra bien être tournée par la gauche en passant par Bourbonne-les-Bains, mais la retraite des défenseurs sera toujours assurée par Châtillon-sur-Seine et Troyes.

Mais si l'armée d'invasion, supérieure en nombre et bien inspirée, fait avancer son aile gauche renforcée de Longeau sur Langres pour menacer la retraite des troupes de la défense, et qu'elle attaque en même temps par le centre et l'aile droite appuyée à Montigny, elle obligera peut-être les défenseurs à abandonner leur position.

Les voies ferrées qui suivent les vallées de la Marne et de la Seine, se réunissent à Chaumont et passent ensuite à Langres, Vesoul, Belfort et Mulhouse, faciliteront la défense des camps de Belfort et de Langres, et exerceront leur influence le long de la ligne d'opérations qui passe par ces deux places.

§ 27. — Marche depuis la Marne jusqu'à l'Aube.

Si les défenseurs se retirent de Langres à Troyes en passant par Chaumont et Bar-sur-Aube, afin de pouvoir utiliser la voie ferrée, et qu'une autre armée de la défense exécute également sa retraite vers Saint-Dizier, Vitry ou Châlons, ils ne trouveront guère de positions tenables dans la vallée de la Marne.

Ils pourront toutefois se maintenir quelque temps à Chaumont et couvrir la retraite vers Bar-sur-Aube

De Langres à Chaumont, la route et le chemin de fer suivent la rive gauche de la Marne, qui n'a encore que peu d'importance.

La Suize, qui prend sa source à l'ouest de Langres, coule parallèlement à moins d'une lieue de distance de ce cours d'eau, et vient s'y jeter au-dessous de Chaumont.

Une arrière-garde, dont les ailes seraient appuyées à la Suize et à la Marne et à la ville de Chaumont elle-même qui est entourée d'une vieille fortification, et à l'ouest de laquelle se trouve un pont sur la Suise, pourrait y résister sérieusement si elle n'avait pas cette rivière sur ses derrières, et si la position ne pouvait pas être tournée sur la droite en partant de Montigny, et sur la gauche en marchant vers Villers-le-Sec. Elle pourra s'y défendre néanmoins assez longtemps pour permettre à l'armée d'aller occuper une position meilleure derrière Bar-sur-Aube.

Tandis que l'aile droite et le centre de l'armée d'invasion dirigeront leurs opérations contre Chaumont, l'aile gauche marchera de Langres sur Châtillon-sur-Seine, et remontera ensuite la vallée de la Seine jusqu'à Troyes.

De Chaumont à Bar-sur-Aube, le terrain est ondulé et fortement boisé aux environs de Colombey-les-deux-Églises. Blézy, situé à l'entrée de cette forêt, offre une bonne position pour un combat d'arrière-garde.

L'Aube prend sa source à quatre lieues au sud-ouest de Langres et descend des hauteurs qui font partie de la ligne de partage des eaux de la France, qui constitue un long rempart de 150 lieues d'étendue.

La vallée de l'Aube ainsi que celles de ses affluents, l'Aujon et l'Aubette qui s'y jettent à Clairvaux et Dancevoir, sont dominées par des hauteurs boisées et escarpées, et commencent par être très-étroites.

Mais à Dancevoir, distant de six lieues de la source de l'Aube et par lequel passe la route de Langres à Châtillon-sur-Seine, cette vallée atteint déjà de 500 à 1000 pas de largeur.

En aval de La Ferté-sur-Aube jusqu'à Dolancourt (situé à 3 lieues au sud-est de Brienne), les hauteurs boisées et escarpées se rapprochent de nouveau de distance en distance du lit de la rivière. Enfin, de Do-lancourt à Marcilly, situé au confluent de l'Aube et de la Seine, ces hauteurs s'éloignent peu à peu, et à partir de Lesmont le pays est presque plat. Aussi le fond de la vallée s'élargit-il à Pougy, situé en aval de Lesmont de 1600 à 3000 pas. Mais cette partie de la vallée est marécageuse et difficile à traverser.

A partir de Dancevoir et tant que l'Aube n'a que peu de largeur, chacun des nombreux villages, situés le long de ce cours d'eau, est muni d'un pont. On en trouve également à Jaucourt, Dolancourt, Baussancourt, Brienne-la-Vieille, Lesmont, Ramerupt, Arcis, Viâpres-le-Petit, Viâpres-le-Grand, Boulages et Anglure, situés en aval de Bar–sur-Aube.

Sainte-Thuise, Vaupoisson, Anglure et Saron possèdent des bacs. Enfin à Chaudrey et Aubigny, on rencontre des gués.

Un chemin de grande communication qui va au-delà des sources de l'Aube, règne le long de sa rive droite et aboutit à Château-Longuet, à la route de Langres, à Châtillon-sur-Seine. A partir de Boudre-ville, situé sur cette route et sur la rive gauche de l'Aube, une chaussée longe cette rive jusqu'aux environs de Bar-sur-Aube, traverse ensuite ce cours d'eau, passe à Brienne-le-Château et va jusqu'à Lesmont où elle retourne sur la rive gauche.

La vallée supérieure de l'Aube, qui est fortement boisée, n'est guère accessible. Pour arrêter l'ennemi qui pourrait s'avancer le long de la route de Langres à Châtillon-sur-Seine, on trouve de bonnes positions défensives pour deux petits corps de troupes : l'une à Arc-en-Barrois sur l'Aujon, l'autre à Boudreville sur l'Aube.

Entre Boudreville et Bar-sur-Aube, les hauteurs sont boisées, mais s'écartent à La Ferté-sur-Aube de part et d'autre jusqu'à 4000 pas de la rivière. Aux environs de cette ville, la rive droite domine la rive gauche, et un chemin de grande communication traverse la forêt de la rive droite et conduit par Noé à Bar-sur-Seine. On pourra par conséquent tenter le passage de l'Aube à La Ferté, car les défenseurs ne sauront se maintenir longtemps dans les défilés des forêts qui règnent entre l'Aube et la Seine.

Aux environs de Bar-sur-Aube, le terrain est plus favorable à la défense. La route de Paris y vient toucher cette rivière, la traverse à Dolancourt situé à deux lieues en aval de Bar. Entre ces deux villes, plusieurs contre-forts s'avancent perpendiculairement au cours de l'Aube et offrent de bonnes positions défensives avec appuis pour les ailes.

On s'établira de préférence sur le contre-fort le plus avancé derrière le ruisseau la Bresse, l'aile droite appuyée à la ville et l'aile gauche à une forêt. Cette position ne pourra être tournée que si l'ennemi s'engage dans des chemins très-difficiles : à droite par Maisons, à gauche par Fontaines, situé sur la rive gauche de l'Aube, pour suivre ensuite l'ancienne route de Troyes à Bar. Mais il sera ainsi obligé d'opérer le passage de cette rivière.

Ce passage aura pu être effectué par l'aile gauche de l'armée d'invasion qui aura pour mission d'agir sur les derrières de l'armée de défense établie à Bar-sur-Aube. Ce corps s'engagera sur la voie romaine qui part de Beauchemin situé sur la route de Langres à Châtillon-sur-Seine, et qui passe à Château-Vilain, ou bien il passera déjà l'Aube à Boudreville, suivra la rive gauche de cette rivière jusqu'à La Ferté et prendra ensuite le chemin communal qui passe par les Fosses et Vitry-le-Croisé.

Le gros de l'armée renforcé à Chaumont par l'aile droite suivra la route de Paris et marchera directement sur Bar. L'avant-garde pourra avoir à soutenir des combats à Blézy, Colombey-les-deux-Églises et à l'entrée du bois de la Lune.

Il n'y aura lieu de tourner l'aile gauche de la posi-

tion défensive de Bar par Colombey et Maisons, qu'autant que l'aile gauche de l'armée d'invasion n'aura pas
encore pu exécuter le passage de l'Aube. En principe,
le gros de l'armée ne devra pas s'engager trop vivement et attendra de préférence le succès des opérations de l'aile gauche, car les défenseurs ne peuvent
pas s'exposer à une défaite complète dans les défilés
de l'Aube. Ils doivent pouvoir se retirer sur Troyes
pour aller couvrir Paris sans être trop affaiblis. Cette
retraite sera en outre la conséquence de l'arrivée à la
Marne, aux environs de Vassy ou de Vitry de la
deuxième armée allemande : la présence de cette
armée rendra la position de Bar intenable.

Pour défendre le passage de l'Aube, entre son confluent dans la Seine et Bar, on pourra occuper la position centrale de Troyes, les positions intermédiaires
de Vendeuvre, Piney et Voué, situées sur les routes
qui conduisent de Troyes à l'Aube, et enfin faire surveiller toute la rive gauche de ce cours d'eau. De
Trannes à Brienne-la-Vieille, la rive gauche de l'Aube
domine la rive droite ; le contraire a lieu entre Brienne-
la-Vieille et Lesmont ; il sera donc très-difficile de défendre le pont de Lesmont sur lequel passe la route
de Troyes à Brienne-le-Château.

En aval de Lesmont, la vallée s'élargit de plus en
plus et devient marécageuse. Ces circonstances, ainsi
que la direction générale de la ligne d'opérations, font
présumer que l'armée d'invasion ne cherchera pas à
passer l'Aube en aval de Lesmont.

Si l'armée de défense prenait le parti de se retirer

de Langres à Troyes en passant par Châtillon-sur-Seine, ou si elle y était forcée, elle trouvera sur sa route différentes positions défensives plus ou moins importantes. Par exemple, à Marac derrière la Suize, à Bugnières, à Arc-en-Barrois derrière l'Aujon et à Brion : toutes sont entourées de forêts et difficiles à tourner, et permettront d'arrêter longuement l'armée d'invasion, si elle prenait le parti de suivre la même direction. Aussi l'aile gauche seule s'engagera-t-elle sur cette route, tandis que le gros de cette armée marchera sur Chaumont et Bar-sur-Aube, afin de faire sa jonction avec la seconde armée qui aura atteint la Marne en aval de Chaumont.

Il pourra en résulter que l'armée défensive, si elle n'a pas fortement accéléré sa marche de Châtillon à Troyes, soit obligée d'abandonner la vallée de la Seine pour se jeter à Tonnerre dans celle de l'Armançon ou sur la route de Lyon à Paris, et gagner au plus vite la capitale. Elle pourra alors utiliser les voies qui suivent les vallées de l'Armançon, de l'Yonne et de la Seine.

Par le chemin de fer de Chaumont, Bar-sur-Aube et Troyes, on arrive plus vite à Paris et l'on n'abandonne pas la défense de la Seine. Il ne faudra donc pas renoncer à cette ligne, à moins qu'on n'y soit forcé. Dans tous les cas, on cherchera à atteindre Paris par Tonnerre, Sens et Montereau, avant que l'armée d'invasion n'y soit arrivée.

§ 28. — Marche jusqu'à la Seine.

Après le passage de l'Aube, le gros de l'armée allemande du Haut-Rhin marchera sur Troyes en suivant la route de Paris qui conduit jusqu'à la Seine à travers un pays difficile à défendre. Les défenseurs pourront toutefois livrer des combats d'arrière-garde à Villeneuve, qui est précédé de la Barse et d'un lac d'une grande longueur, puis à Chantelot, et enfin au pont de la Guillotière établi sur la Barse au point où elle vient couper pour la seconde fois la route de Paris.

Si la seconde des trois armées d'invasion a adopté comme ligne d'opérations générales la direction de la route de Strasbourg à Paris, l'armée du Haut-Rhin, arrivée dans la vallée de la Seine, devra la remonter pour marcher sur Paris. Mais si la seconde armée a fait sa jonction avec la première sur la rive droite de la Marne, la troisième devra opérer entre la Seine et la Marne pour marcher sur la capitale.

Il s'agit maintenant d'examiner quelles sont les différentes routes qu'elle pourra suivre.

Troyes est une ville importante de 30 000 habitants. Elle est entourée de tous côtés par des bras de la Seine, ainsi que de faubourgs et de villages rapprochés, et constitue une position défensive importante. Sept routes différentes venant de toutes les directions se réunissent dans cette ville. Le chemin de fer de Paris à Mulhouse y traverse la Seine, passe à Bar-sur-Aube et Chaumont, et suit ensuite la vallée de la Marne.

Les villages qui entourent Troyes sont répartis sur une circonférence de trois lieues de longueur environ. Les hauteurs qui règnent le long des deux rives de la Seine sont à pente douce et permettent par conséquent d'agir efficacement contre les défenseurs s'ils sont obligés d'abandonner les villages de la rive droite. Mais d'un autre côté les abords de cette position sont très-difficiles et l'ennemi aura de la peine à marcher sur la ville à travers ce terrain tourmenté. Les défenseurs peuvent au contraire recevoir facilement des renforts par le chemin de fer de Paris à Troyes.

Ces conditions engageront probablement l'ennemi à tourner cette position et à opérer le passage de la Seine en amont de Troyes, où la défense n'a plus de voie ferrée à sa disposition.

La Seine prend sa source sur le versant ouest de la Côte-d'Or, à 5 milles (37 kilomètres) au nord-ouest de Dijon, près du village Saint-Seine situé sur la route de Paris. Elle coule d'abord au nord-ouest, passe à Châtillon, Bar-sur-Seine, Troyes et Méry, se dirige à l'ouest jusqu'à Moret, près de Montereau, et reprend ensuite une direction nord-ouest jusqu'à Paris.

La vallée de la Seine supérieure est étroite, ses versants sont escarpés et en partie boisés, et continuent de l'être jusqu'à l'entrée de la Seine dans le département de l'Aube; mais à partir de Châtillon la vallée s'élargit.

En aval de Bar-sur-Seine les hauteurs de la rive gauche deviennent moins fortes et s'éloignent du lit de la rivière : les mêmes circonstances se présentent à trois lieues en amont de Troyes pour celles de la rive droite.

A Châtillon, les conditions sont favorables pour l'exécution d'un passage de rivière. La Seine n'y est guère plus forte que l' Source, qui coule parallèlement avec elle, à une lieue de distance, et s'y jette à Bar-sur-Seine.

Châtillon est d'ailleurs situé au fond de la vallée, les abords en sont faciles et l'on rencontre dans les environs de nombreux ponts. Quelle que soit la position choisie par le défenseur, il ne sera pas difficile de la tourner.

Mais à une lieue en aval de cette ville, les versants des deux rivières deviennent plus escarpés et se raccordent à pente douce avec elles. La vallée de la Seine conserve cette forme jusqu'à hauteur de Bar, celle de l'Ource à deux lieues plus en aval encore. Les hauteurs qui séparent ces deux vallées sont en grande partie boisées et couvertes de vignes. Ces bois sont traversés par un chemin de grande communication qui conduit d'Autricourt, qui se trouve dans la vallée de l'Ource, à Mussey situé dans celle de la Seine, où il vient aboutir à la route qui longe cette vallée.

Il pourra livrer passage à un corps de troupes assez considérable, tandis que les autres chemins ne pourront être parcourus que par des colonnes peu importantes.

D'après cela il est peu probable qu'on aille tenter un passage de rivière de vive force dans ces environs. Les conditions sont bien plus favorables à cette opération entre Bar-sur-Seine et Troyes. La largeur de la Seine y est en effet peu considérable, les abords en sont faciles, les hauteurs de la rive droite se rapprochent du lit de la rivière et dominent celles de la rive opposée jusqu'à Clerey situé à deux lieues en amont de Troyes.

Verrières, Clerey, Courcelles, Villemoyenne, Chappes, etc., etc., situés entre Bar et Troyes sont munis de ponts. D'autres peuvent être établis facilement en différents points auxquels on peut arriver en quittant la grande route entre Vendœuvres et Lusigny.

Après le passage de la Seine, les troupes pourront suivre la route de Bar à Troyes qui longe la rive gauche de cette rivière. Elles continueront ensuite leurs opérations contre la capitale, soit sur la grande route de Paris, soit par Sens-sur-Yonne et Montereau, ou par Nogent-sur-Seine et Provins.

L'aile gauche de l'armée d'invasion aura pu passer la Seine à Châtillon. Elle trouvera ensuite entre la Seine et l'Armançon une route parallèle à la route principale qui passe par Tonnerre, Auxon, et conduit à Nogent-sur-Seine, ou bien elle pourra suivre la grande route de Lyon à Paris, qui longe les vallées de l'Armançon et de l'Yonne, et passe par Sens et Montereau.

L'aile droite aura suivi la route de Bar-sur-Aube à Arcis-sur-Aube, qui passe par Brienne et Lesmont, et opéré sa jonction avec la seconde armée d'invasion à laquelle elle aura pu faciliter le passage de la Marne.

D'un autre côté, l'action combinée des trois armées

entre la Seine et la rive droite de la Marne pourra
bien briser la résistance des troupes françaises et les
obliger à renoncer à la défense de la vallée de la Seine.

Si les ponts de cette rivière sont détruits, il faudra
bien entendu en construire d'autres. En aval de Troyes,
les conditions topographiques rendront cette opération
difficile. La rivière y est en effet divisée en plusieurs
bras; la vallée est large, peu accidentée et coupée par
un canal et de nombreux fossés. De plus, le chemin de
fer suit la rive gauche de la Seine dont les abords sont
extrêmement faciles. On se trouvera donc encore ici
dans des conditions aussi favorables que celles qui ont
été signalées, lorsqu'il a été question de la défense du
passage de la Marne.

Il n'est d'ailleurs pas nécessaire de passer la Seine
en aval de Troyes, car on trouve sur la rive droite des
chemins très-praticables qui permettent d'atteindre
l'Aube, que l'on traversera en amont de son confluent
dans la Seine. On se dirigera ensuite sur Provins, en
passant par Nogent ou Villenoxe-la-Grande.

La direction de la ligne d'opérations à suivre par
l'armée du Haut-Rhin dépendra, et de celle suivie par
l'armée de défense pour se retirer sur Paris, et des
positions occupées par les deux autres armées d'invasion. Si ces dernières ont fait leur jonction sur la rive
droite de la Marne, l'armée du Haut-Rhin devra chercher à s'en rapprocher.

Elle opérera alors entre l'Aube et la Marne et se
dirigera sur Sézanne et Coulommiers afin de gagner
la grande route de Strasbourg à Paris.

III

CONSIDÉRATIONS STRATÉGIQUES.

§ 29. — Longueur des différentes lignes d'opérations. Difficultés de terrain qu'elles présentent. Force des armées.

Les considérations précédentes sur les conditions de terrain que présentent, à la défense et à l'attaque, les différentes lignes d'opérations que les armées d'invasion peuvent suivre pour se diriger sur Paris en partant de la frontière du nord et de l'est, font connaître celles qui sont les plus avantageuses à ces armées. Elles permettent, en outre, d'établir qu'elles doivent en être la force, la composition et les bases d'opérations.

Les longueurs des différentes lignes d'opérations dont il a été question, depuis la frontière jusqu'à Paris, évaluées en milles géographiques (1 mille ＝ 7416 mètres), s'élèvent :

1° En partant de la Belgique :

De Menin, Tournay ou Mons, à 30 milles (environ 222 kilomètres et demi).

De Philippeville et Marienbourg, par Mézières et Réthel, à 36 milles (environ 267 kilomètres).

D'Arlons, par Vouziers et Reims, à 36 milles.

2° En partant de l'Allemagne :

De Luxembourg, par Reims ou Châlons-sur-Marne, à 39 et 42 milles (289 et 315 kilomètres et demi environ).

De la Sarre, par Thionville, à 42 milles ; par Metz, à 45 milles (333 kilomètres et demi environ) ; par Nancy, à 50 milles (environ 371 kilomètres) ; par Pont-à-Mousson et Custines, à 54 milles (environ 400 kilomètres et demi).

De la vallée du Rhin et en passant les Vosges sur le territoire allemand, à 57 milles (environ 423 kilomètres) ; en les traversant sur le territoire français, de 60 à 63 milles (de 445 à 467 kilomètres).

De Bâle, par Langres, à 57 milles.

Les longueurs des différentes lignes d'opérations qui partent de la vallée du Rhin sont à peu près identiques ; mais elles atteignent presque le double de celles qui partent de la Belgique.

De Luxembourg à la Sarre et au Rhin, elles varient de 36 milles (267 kilomètres) à 63 milles (467 kilomètres) ; les difficultés de terrain qu'elles présentent augmentent dans le même rapport. Si la composition des armées d'invasion est au contraire telle que l'armée de la Belgique soit la plus forte, celle de la Sarre la plus faible et celle du Rhin d'une force intermédiaire, la première d'entre elles exercera une influence tellement décisive sur les armées de défense établies le long de la Moselle, de la Sarre et du Rhin, qu'elles pourront bien être obligées de battre en retraite, sans opposer la résistance opiniâtre que les conditions de terrain favorisent à un si haut degré.

Si, avant le commencement des hostilités, des corps d'observation français sont réunis dans le camp permanent de Châlons-sur-Marne, sur la Moselle, près de Metz et de Nancy, et enfin sur le Rhin, aux environs de Strasbourg et de Mulhouse, ils seront tous en communication entre eux et avec Paris au moyen des lignes de chemins de fer.

Le matériel de guerre sera fourni par les arsenaux de Metz et de Strasbourg, et les réserves de cavalerie seront concentrées à Lunéville, d'où elles pourront facilement gagner les vallées de la Moselle, de la Sarre et du Rhin.

Grâce aux chemins de fer, ces corps d'armée peuvent facilement prendre l'offensive, et être rendus en peu de temps à la frontière de la Belgique, à Luxembourg, à la Sarre et au Rhin.

Si l'on réunit, en outre, un corps d'armée considérable à Soissons, transformé en camp retranché, il pourra rapidement agir contre la Belgique, ou bien se joindre à l'armée de Châlons pour marcher contre l'armée allemande qui aura envahi la France par Luxembourg. Cette dernière aura à vaincre la résistance la plus opiniâtre, car les troupes de la vallée de la Moselle pourront également l'attaquer ; elle devra donc être supérieure en nombre aux autres armées d'invasion.

Dans une guerre de l'Allemagne tout entière contre la France, on pourra mettre sur pied environ 700 000 hommes (1/100ᵉ de la population qui s'élève à 70 millions d'habitants).

En admettant la création d'un corps autrichien (1)

(1) La Confédération germanique existait encore à l'époque de la publication de cette brochure.

de 160 000 hommes, chargé de marcher sur Lyon en traversant l'Italie ou la Suisse, et en réservant 100 000 hommes pour bloquer les places du Rhin et de la Moselle, il restera encore 440 000 hommes pour la composition des armées de la Moselle, de la Sarre et du Haut-Rhin. La première pourra être forte de 200 000 hommes, la seconde de 90 000, et la troisième de 150 000.

La première armée qui part de Luxembourg n'aura à bloquer que les places de Thionville, Longwy, Montmédy, Verdun et quelques autres petites forteresses peu importantes : 20 000 hommes pourront y suffire.

La deuxième armée ne rencontrera dans le rayon d'action de sa ligne d'opérations que les petites places des Vosges et de la Lauter, puis Strasbourg, Marsal, Metz et Toul ; 80 000 hommes serviront à observer quelques-unes de ces places et à bloquer les autres.

La troisième armée aura à bloquer Schelestadt, Neuf-Brisach, Belfort et Besançon, qui exigeront 20 000 hommes. Ce nombre devra être augmenté, s'il y a lieu d'investir en outre le camp retranché de Langres.

En tenant compte de ces forces dans l'évaluation de la composition des armées, on pourra en définitif admettre que la première armée sera de 220 000 hommes, la seconde de 150 000 et la troisième de 170 000 hommes.

L'armée du Haut-Rhin (la troisième) aura à traverser, avant d'arriver à l'Aube, un pays montagneux de peu de ressources ; elle trouvera devant elle les camps retranchés de Belfort et de Langres.

La deuxième armée (l'armée de la Sarre) marchera à travers un pays difficile, en partie montagneux, en partie marécageux, rencontrera les places fortes de la Moselle et du Rhin, et peut-être le camp retranché de Marsal. Ses forces seront réduites de moitié lorsqu'elle arrivera à la Meuse. Ce pays offrira toutefois plus de ressources que celui par lequel passera l'armée du Haut-Rhin.

Ces deux armées auront à passer les défilés des Ardennes et ceux de la forêt de l'Argonne ; mais après elles ne rencontreront plus d'obstacles jusqu'à leur arrivée à Paris, à moins qu'on n'ait établi un camp retranché à Soissons.

La seconde armée pourrait également partir de la vallée du Rhin, passer les Vosges et suivre ensuite la route de Strasbourg à Paris. Mais cette ligne d'opérations présenterait plus de difficultés que celles des autres armées.

La première armée (armée de la Moselle) qui partira de Luxembourg ne passera qu'entre des places peu importantes (celle de Metz se trouve à plus de 56 kilomètres sur sa gauche, et exige un corps de blocus spécial).

Après avoir traversé les Ardennes et la forêt de l'Argonne, elle arrivera dans les plaines de la Champagne, en partie peu fertiles. Sa ligne d'opérations est plus courte que celles des deuxième et troisième armées ; elle sera donc la première à menacer Paris, et pourra avoir à soutenir le premier choc, et par suite le plus formidable, des forces de la défense.

a. *De la Belgique à Paris* (§§ 2, 3 et 4). — La ligne d'opérations d'une armée qui envahit la France par la Belgique est plus courte encore que celle d'une armée partant de Luxembourg.

Pour résister à une invasion française, on a transformé Anvers en une place du premier ordre, pouvant servir de lieu de refuge à l'armée belge tout entière. Les petites places de la Belgique, à l'exception de deux, doivent au contraire disparaître, de sorte que dans l'avenir une armée allemande ne pourra plus les utiliser pour en faire sa base d'opérations.

La frontière franco-belge présente deux trouées de 12 à 14 lieues de largeur : l'une entre Avesnes et Rocroy, l'autre entre Sedan et Longwy. L'armée allemande passera impunément dans le pays peu accidenté qui sépare ces places, et se bornera à les bloquer. On ne pourra lui opposer une résistance sérieuse qu'à Saint-Quentin, Lafère et Laon. Un camp retranché qui serait créé à Soissons seconderait admirablement cette défense. Paris servirait de place de dépôt.

Si l'armée d'invasion s'avance victorieusement sur Paris, elle pourra obliger les armées françaises du Rhin et de la Moselle à commencer leur retraite sur la capitale, sans profiter des bonnes positions défensives situées le long de leurs lignes d'opérations. Les armées allemandes de la Sarre et du Rhin n'auront plus alors de luttes sérieuses à soutenir.

D'un autre côté, si une armée française avait envahi la Belgique, ou si cet État s'alliait à la France contre l'Allemagne, l'armée allemande de la Moselle ne pourra plus entreprendre ses opérations contre Paris. Les armées alliées feraient, en effet, de la Meuse leur base d'opérations, et menaceraient le flanc et les derrières de l'armée de la Moselle.

b. *Ligne d'opérations de Luxembourg à Paris* (§§ 7 à 11). — Les nombreuses voies ferrées qui, de l'Allemagne du Nord, de la Prusse et de l'Autriche, conduisent à Mayence et à Cologne, permettront de réunir en douze à quatorze jours l'armée de la Moselle à Coblentz ou à Cologne, et l'armée de la Sarre à Mayence.

On aura soin de faire transporter tout d'abord par le chemin de fer le matériel roulant d'artillerie et les corps de cavalerie les plus indispensables, ou bien on les fera partir d'avance sur les routes ordinaires.

L'armée de la Moselle pourra ensuite être rendue à Trèves et à Luxembourg en cinq à sept journées de marche ; elle y trouvera déjà les corps d'armée prus-siens du grand-duché du Bas-Rhin et de la West-phalie.

Les 7e et 8e corps d'armée de la Confédération ger-manique se réuniront à Rastadt, Manheim et Mayence. L'armée du Haut-Rhin, fournie par l'Autriche, se concentrera sur le territoire badois en passant par Munich ou par la Suisse.

L'armée de la Moselle, qui part de Luxembourg pour se diriger sur Paris, peut passer par Longuyon, Vouziers et Reims, ou bien elle peut suivre la route de Verdun et Châlons-sur-Marne.

La première de ces lignes d'opérations est plus courte, offre moins de difficultés de terrain, et n'exige que le passage de la Marne et de l'Aisne, tandis qu'en suivant la seconde, il faut en outre traverser l'Aire et la Marne.

La ligne d'opérations qui passe par Reims pourra être adoptée en admettant même l'existence d'une armée envahissante partant de la Belgique, et suivant la rive droite de l'Oise pour se diriger sur Paris en passant à Compiègne ou à Soissons. Ces deux armées se soutiendront en effet mutuellement, et leur action combinée permettra de diminuer l'effectif de l'armée de la Sarre, dès qu'elle aura opéré le blocus des places du Rhin et de la Moselle.

c. Ligne d'opérations de la Sarre à Paris (§ 12). — La ligne d'opérations de l'armée de la Sarre passe par Pont-à-Mousson ou Custines, Saint-Mihiel, Bar-le-Duc, etc. Non-seulement elle est plus longue que celles qui partent de Luxembourg, mais les difficultés de terrain sont également plus considérables. En la suivant, il faut d'ailleurs traverser la Sarre et la Moselle, et passer les défilés qui se trouvent entre ces deux cours d'eau. La défense du passage de la Moselle est favorisée par l'existence d'une voie ferrée qui suit la rive gauche de cette rivière.

d. *Ligne d'opérations des Vosges à Paris* (§§ 13 à 18). — Les Vosges forment une bonne ligne de défense derrière le Rhin. Des places fortes dominent les routes qui les traversent, et les vallées étroites qui règnent le long de cette chaîne de montagnes peuvent facilement être barrées.

En suivant cette ligne d'opérations, il faudra traverser la Sarre, la Meurthe, la Moselle, la Meuse et la Marne. Le passage de la Sarre est peu difficile ; ceux de la Meuse et de la Marne le sont davantage ; enfin les armées d'invasion pourront rencontrer une résistance sérieuse en opérant le passage de la Meurthe et de la Moselle.

Mais cette résistance sera brisée, et toutes les bonnes positions existantes le long de cette ligne seront tournées, si la première et la troisième armée peuvent avancer le long de leurs lignes d'invasion.

Le chemin de fer de Paris à Strasbourg longe la ligne d'opérations de la seconde armée, et en favorise la défense.

La résistance que l'armée d'invasion pourra éprouver ici sera plus forte que celle qu'on pourra opposer aux armées allemandes sur les trois lignes d'opérations dont il vient d'être question.

Cette quatrième ligne est en même temps la meilleure ligne d'attaque en cas d'une invasion française en Allemagne.

Si la deuxième armée d'invasion traverse les Vosges en territoire allemand, en se servant du chemin de fer de Ludwigshafen à Bexbach et en passant par la vallée d'Anveiler, elle tournera par le nord tous les défilés et toutes les places fortes de cette chaîne de montagnes. Elle atteindra ainsi Sarrebourg et la grande route de Paris en marchant le long du versant ouest des Vosges, qui est bien moins escarpé et moins boisé que le versant est et offre en outre plus de ressources pour subvenir aux besoins de l'armée.

Dans cette hypothèse, la deuxième armée se contentera de faire marcher sur Strasbourg un corps d'armée considérable qui sera d'ailleurs protégé par un autre corps non moins fort réuni à Rastadt.

Le gros de l'armée suivra la direction de la route de Paris et se dirigera sur Nancy ou un peu plus au sud, tandis qu'elle fera avancer un corps de troupes par la route qui de Sarreguemines conduit à Custines (sur la Moselle) par Petelange et Sarre-Union. Ce corps se dirigera ensuite sur Saint-Dizier.

Il sera en outre chargé de bloquer la place de Metz.

Le corps de blocus de Strasbourg détachera également ment un corps de troupes pour opérer sur sa gauche. Ce détachement passera par Molsheim et Mutzig, suivra la vallée de la Bruche et se dirigera sur Joinville par Remberviller, etc., etc., où il rejoindra le gros de l'armée, qui aura passé par Nancy.

Quelles que soient les directions suivies par les deux

premières armées, elles devront chercher à se réunir
entre Reims et Vitry-le-Français. Au moment où
elles auront opéré leur jonction, la troisième armée
aura atteint la Marne, l'Aube et peut-être même la
Seine, et continuera ensuite les opérations conjointe-
ment avec les deux premières armées.

e. *Ligne d'opérations depuis le Haut-Rhin jusqu'à
Paris* (§ 21 à 28). — Le Rhin avec ses places fortes
et les Vosges avec leurs défilés constituent la ligne de
défense la plus formidable de la France. Les chemins
de fer de Paris à Strasbourg par Nancy, de Paris à
Chaumont d'une part par Châlons-sur-Marne et d'autre
part par Troyes, de Paris à Dijon par Sens et Tonnerre, de Dijon et de Chaumont à Belfort et Mulhouse,
enfin de Lyon à Mulhouse par Dijon et Besançon en
augmentent encore la valeur et favorisent au suprême
degré une attaque dirigée contre l'Allemagne.

La défense de la frontière du Rhin sera toutefois
fortement compromise si les deux premières armées
avancent victorieusement dans leur marche sur Paris.

Les opérations défensives derrière cette frontière
consisteront en première ligne à s'opposer au passage
du Rhin, à défendre les places fortes situées le long de
ce fleuve et à empêcher l'ennemi d'effectuer le passage des Vosges; en seconde ligne, à défendre les
camps retranchés qui auront pu être établis à Strasbourg, Marsal, Belfort et Langres, et enfin en troisième
ligne à opposer une résistance sérieuse à l'attaque de
l'immense camp retranché de Paris.

9

Les camps retranchés placés en seconde ligne pourront peut-être arrêter les trois armées allemandes dans leur marche sur Paris.

Les défenseurs se trouveront, en définitive, dans des conditions extrêmement avantageuses s'ils savent se contenir et profiter des obstacles naturels et artificiels qui s'étendent depuis la frontière jusqu'à la Meuse et même jusqu'à la Marne ; et si leurs chefs font un emploi judicieux des lignes télégraphiques pour la transmission des ordres et des voies ferrées qui rayonnent dans toutes les directions autour de Paris, pour le transport rapide des troupes et du matériel. Ces avantages ne pourront être contre-balancés que par une supériorité numérique bien marquée et par cette valeur morale qui constitue à vrai dire la force des armées.

L'armée du Haut-Rhin devra chercher à effectuer le passage du Rhin en aval de Bâle et à peu de distance de cette ville. L'établissement d'un pont pour effectuer le passage de vive force, quoique favorisé par l'existence du chemin de fer badois, pourra nous faire subir des pertes considérables, à moins que les deux premières armées n'aient déjà pénétré en France et n'y soient échelonnées, l'aile droite en avant, de façon à menacer la retraite de l'armée française du Rhin.

La position occupée par ces deux armées favorisera non-seulement l'exécution du passage du Rhin, mais encore la marche de l'armée d'invasion sur Belfort et Langres. L'armée du Haut-Rhin tournera ainsi les sources de la Meurthe, de la Moselle, de la Meuse et de la Marne, et facilitera de son côté à la seconde armée le passage de ces cours d'eau.

L'armée du Haut-Rhin pourra avoir à soutenir des luttes sérieuses à Belfort, situé sur la Savoureuse, à Langres et au passage de la Saône, de l'Aube et de la Seine.

f. *Action combinée des trois armées.* — Les opérations des trois armées d'invasion devront en principe être dirigées de façon qu'elles puissent se soutenir mutuellement dans leurs attaques contre les obstacles naturels et les défenses artificielles. Elles devront arriver simultanément à la Marne entre Chaumont et Reims. Si les deux premières se sont dirigées sur l'Aisne, elles devront avoir opéré leur jonction avant d'atteindre Soissons.

L'armée du Haut-Rhin sera d'abord divisée en trois colonnes qui suivront les routes de Thann, Belfort et Montbéliard, et marcheront ensuite sur Troyes par Langres et Chaumont.

La deuxième armée sera également formée de trois colonnes. La première opérera sur la route de Sarreguemines à Pont-à-Mousson, la seconde sur celle de Deux-Ponts à Nancy par Sarrebourg et la troisième se dirigera de Wissembourg vers la vallée de la Bruche en passant par Strasbourg. Le corps de blocus de cette place sera fourni par la troisième colonne.

Enfin la première armée sera divisée en deux grandes colonnes qui marcheront sur Reims : la première passera à Vouziers, la seconde à Verdun et Châlons.

De fortes colonnes ayant entre elles de nombreuses communications transversales parcourront donc tout le pays qui s'étend de la frontière du nord jusqu'au Jura. Il faut en excepter toutefois la portion comprise entre les Vosges, depuis Schelestadt jusqu'au Ballon-d'Alsace, et la Meuse, c'est-à-dire une étendue de dix lieues de largeur et de vingt-cinq lieues de longueur. On y fera pénétrer toutefois de petits corps isolés.

Si une quatrième armée pénétrait en France par la Suisse et se dirigeait sur Paris par Châlon-sur-Saône et Dijon, la sphère d'action des quatre armées s'étendrait depuis la frontière du nord jusqu'à la Loire. En admettant que les pertes subies par les armées d'invasion et les corps nécessaires pour bloquer les places fortes s'élèvent ensemble à 300 000 hommes, les quatre armées concentrées autour de Paris présenteront encore un effectif de 400 000 hommes environ.

IV

ATTAQUE DES FORTIFICATIONS DE PARIS.

§ 31. — Description de la fortification.

L'enceinte continue de Paris se compose de quatre-vingt-treize bastions reliés par des courtines. Elle est bornée à l'ouest par le bois de Boulogne, et passe sur les hauteurs qui règnent à l'est de la ville. Du nord au sud, la distance qui sépare les remparts est de deux lieues; de l'est à l'ouest, elle est un peu plus considérable. L'enceinte continue a environ sept lieues d'étendue et forme un pentagone à angles très-obtus. L'angle nord-est seul est droit; ses côtés ont chacun plus d'une lieue d'étendue et sont tracés d'une façon très-judicieuse. La ceinture des forts détachés commence au nord de Saint-Denis : sa distance à l'enceinte continue varie d'une demi-lieue à une lieue trois quarts. Ils sont éloignés les uns des autres de trois mille trois cents à trois mille sept cents pas, de façon que leurs feux d'artillerie aient une action efficace sur les intervalles qui les séparent. La distance entre les forts de l'est et ceux de l'ouest est de quatre lieues et demie, tandis que les forts du nord ne sont éloignés de ceux du sud que de trois lieues et demie. L'enceinte formée par les forts extérieurs a douze lieues de longueur. En tenant compte de la sphère d'action extérieure des forts, on reconnaît que l'effet des fortifications de Paris s'étend jusqu'aux limites d'un polygone dont le périmètre n'a pas moins de seize à dix-huit lieues de développement.

La ville de Saint-Denis est située au nord de Paris et sur la rive droite de la Seine près du sommet de la courbe formée par ce cours d'eau. Elle est entourée de trois forts et d'un mur d'enceinte qui règne le long du côté ouest de la ville.

Le fort situé au nord-ouest est appuyé à la Seine et au chemin de fer du nord.

Après le fort situé au sud-est de Saint-Denis, qui forme un quadrilatère régulier, on rencontre le fort d'Aubervilliers, qui est placé au sud-est de la route de Lille et a la forme d'un pentagone irrégulier bastionné.

Ce fort ainsi que ceux de Saint-Denis sont situés dans la plaine.

Trois flèches établies le long du canal de Saint-Denis ferment les intervalles qui séparent les forts dont il vient d'être question et défendent l'angle nord-est de la ceinture extérieure.

Le fort de Romainville est placé au sud du fort d'Aubervilliers sur le sommet du plateau qui règne à l'est de Paris et s'étend jusqu'à Vincennes.

Les forts de Noisy, de Rosny et de Nogent, qui ont la forme de quadrilatères bastionnés et sont munis d'ouvrages extérieurs, sont également établis sur le sommet de ce plateau.

Entre le fort de Romainville et celui de Noisy se trouve la redoute de Noisy; entre les forts de Noisy et de Rosny, on a établi les redoutes de Montreuil et de la Boissière; enfin la redoute de Fontenay a été construite entre le fort de Rosny et celui de Nogent.

Tous ces ouvrages sont disposés près des extrémités nord et nord-est du plateau et peuvent dominer les travaux d'attaque qui pourraient être entrepris sur les versants assez escarpés qui relient ce plateau à la plaine. Une route stratégique établie en arrière des forts les fait communiquer entre eux.

Les ouvrages avancés du fort de Romainville s'étendent jusqu'à la route de Metz qui longe le canal de l'Ourcq. Les feux d'artillerie de ce fort dominent toute la plaine jusqu'au fort d'Aubervilliers, et défendent l'angle nord-est de la ceinture défensive des forts détachés, qui est aussi faible que tout le côté nord de la fortification de Paris.

Le canal de l'Ourcq se trouve également dans la sphère d'action de l'artillerie du fort de Noisy.

Le fort de Rosny domine parfaitement la montagne qui est située vis-à-vis, et se rattache au contre-fort sur lequel est établi cet ouvrage défensif. Cette montagne peut être occupée par l'ennemi.

Le fort de Nogent tient sous son canon la Marne, ainsi que les routes de Paris à Coulommiers et à Provins.

Les forts situés sur le plateau qui se trouve à l'est de Paris forment une ligne de défense formidable, dont l'attaque présentera les plus grandes difficultés. Pour réussir dans cette entreprise, il faudra non-seulement employer des moyens énergiques, mais assiéger simultanément plusieurs forts, afin de les empêcher de concentrer leurs feux sur un même point.

Entre le fort de Nogent et l'enceinte continue de Paris se trouve le château fortifié de Vincennes, situé au sommet d'une colline qui se rattache au plateau dont il a déjà été question plusieurs fois. Il a la forme d'un rectangle.

Ce fort flanque ceux de Nogent et de Charenton. Ce dernier occupe le sommet de la presqu'île formée par la Seine et la Marne.

Il a la forme d'un pentagone régulier bastionné, est également établi sur une colline peu élevée et à pentes douces, et domine la Marne et la Seine, ainsi que les routes de Troyes et de Melun.

La prise de ce fort ne servirait guère à l'attaquant, par la raison qu'il serait ensuite obligé de passer la Seine ou la Marne sous les feux des forts de Vincennes et d'Ivry, et de l'enceinte continue de Paris.

Les forts d'Ivry et de Bicêtre, construits au sud de Paris et à l'ouest du fort de Charenton, ont la forme des pentagones réguliers. Tous deux sont établis sur des plateaux : le premier domine la Seine et le chemin de fer qui longe la vallée de ce cours d'eau, le second a des vues sur la route de Fontainebleau. Le terrain qui le précède se prête assez facilement à l'exécution des travaux d'attaque; seulement ces travaux seront dominés par les forts avoisinants.

L'attaque du fort d'Ivry pourrait néanmoins avoir des chances de succès, car le village d'Ivry, situé sur le versant du plateau occupé par le fort de Bicêtre, défile les travaux d'attaque des vues de ce fort.

Les forts de Montrouge, de Vanves et d'Issy, sont situés à peu près sur la même ligne que les deux précédents, et ferment la gorge du rentrant formé par la Seine. Ils en défendent les approches, et donnent des feux croisés sur les intervalles qui les séparent.

Les trois derniers forts se trouvent au pied du versant nord des hauteurs assez escarpées qui s'étendent de Sceaux à Versailles, et sont plus ou moins dominés par elles : le premier observe la route de Toulouse et le chemin de fer de Paris à Sceaux ; le second la route de Chevreuse et le chemin de fer de Versailles ; enfin le fort d'Issy a des vues sur la route et le chemin de fer de Versailles, et domine en même temps le rentrant formé par la Seine.

Les travaux d'attaque dirigés contre ces forts partiront, il est vrai, de points plus élevés que le terrain sur lequel ils sont établis ; mais aussi les défenseurs domineront-ils mieux ces travaux, de sorte que cette circonstance est loin de leur être défavorable.

L'enceinte intérieure de Paris est formée d'une série de lignes droites qui se prêtent à une bonne défense ; elle exigera un nouveau siége, qui ne pourra être entrepris que lorsque l'ennemi aura attaqué simultanément deux forts extérieurs et s'en sera rendu maître.

A l'ouest de Paris on n'a construit qu'un seul fort extérieur désigné sous le nom de *citadelle du mont Valérien*. C'est un grand pentagone régulier, bastionné, construit sur une montagne, dont les versants sont assez escarpés. Il est situé sur la rive gauche de la Seine, à environ deux lieues du fort d'Issy.

A partir de ce dernier fort, Paris est doublement couvert par la Seine qui coule d'abord au nord-est, forme un rentrant peu prononcé, et se rattache de nouveau à Saint-Denis aux forts extérieurs. Elle se dirige ensuite au sud-ouest parallèlement et à peu de distance du premier rentrant, et forme ainsi une langue de terre sur laquelle se trouve précisément la citadelle du mont Valérien. L'attaquant ne cherchera probablement pas à occuper ce terrain, surtout si des chaloupes canonnières, armées de pièces de gros calibre, défendent la Seine, et si en même temps une armée de secours a pris position dans les environs. La rive de la Seine depuis le fort d'Issy jusqu'à Saint-Cloud, et au delà du mont Valérien, est en outre tellement couverte d'obstacles (hauteurs boisées et découpées, vignes, maisons de campagne, villages, etc.), que la marche d'une armée y serait considérablement retardée.

Une armée de secours française concentrée au sud-ouest de Paris, entre Versailles et Saint-Germain, couvrira d'ailleurs le côté sud et ouest de la capitale. Comme elle sera en outre maîtresse des ponts de la Seine en aval de Paris et des chemins de fer des deux rives, elle pourra facilement tomber sur les flancs ou les derrières de l'ennemi qui aura attaqué ou attaquera certainement le côté nord, en raison de la force du front est.

Cette armée de secours et les voies ferrées dont elle est maîtresse assureront d'ailleurs à la garnison les approvisionnements en vivres et en munitions, et

l'arrivée de troupes fraîches. Les défenseurs ne gar-
niront que faiblement les fronts sud et ouest de la ville,
et utiliseront leurs forces à la défense du front nord, et
principalement à l'organisation de grandes sorties
qu'ils feront coïncider avec les attaques de l'armée de
secours.

En résumé, la fortification de Paris se compose
d'une enceinte continue de sept lieues d'étendue (renfermant quatre-vingt-treize bastions) et de vingt-deux
ouvrages extérieurs, comprenant des forts de quatre et
de cinq côtés plus ou moins importants, des redoutes
et des flèches.

Paris forme donc un vaste camp retranché, qui
peut contenir une armée considérable. Cette armée
n'est pas obligée de s'y laisser enfermer, car le chemin de fer de ceinture, sur lequel aboutissent toutes
les lignes qui partent de Paris, permettra de transporter des troupes ou des renforts sur un point quelconque
de l'enceinte fortifiée.

Un siége en règle de Paris donnerait lieu à des travaux d'approche par trop considérables, sans qu'on
ait l'avantage de pouvoir envelopper les ouvrages.
L'étendue de cette place ne permettra même pas son
investissement complet; aussi se trouvera-t-on ici dans
des conditions analogues à celles que présentait le
siége de Sébastopol. Une défaite de l'assiégeant pourrait avoir les conséquences les plus désastreuses si la
population prend une part active à la guerre, et se
joint aux garnisons des places frontières pour couper
les convois de l'ennemi, etc., etc.

§ 32. — Attaque du camp retranché de Paris.

On peut considérer maintenant les trois armées
d'invasion qui viennent des frontières du nord-est et
de l'est, et marchent sur Paris, comme arrivées à
proximité de cette ville, et occupant les deux rives
de la Marne.

On a admis que la première, ou armée de la Moselle,
était de 200 000 hommes ; la deuxième, ou armée de
la Sarre, de 90 000 hommes ; et la troisième, ou armée du Haut-Rhin, de 150 000 hommes ; en tout,
440 000 hommes, abstraction faite des corps de blocus. Mais si ces armées ont trouvé des camps retranchés, la première à Soissons, la deuxième à Strasbourg
et à Marsal, et la troisième à Belfort et à Langres, et
ont eu à livrer des combats sérieux, leurs pertes
s'élèveront au moins à 100 000 hommes, et elles arriveront à Paris peut-être seulement avec 300 000
hommes.

Investir complétement avec cette armée une place
comme Paris, dont l'enceinte extérieure a douze lieues
d'étendue, et même est de seize à dix-huit si l'on s'é-
loigne jusqu'à la limite de la sphère d'action des forts ;
et l'investir comme toute forteresse doit l'être d'après
les règles de l'attaque, de manière à empêcher tous
secours et ravitaillements extérieurs, est une pure im-
possibilité, si, en dehors de la garnison, il existe encore, pour la soutenir, une armée, même faible, com-
mandée par un général entreprenant.

L'armée de siége ne pourra donc attaquer qu'un côté de Paris, devra y concentrer ses forces le plus possible, et se faire couvrir par une armée d'observation ; elle se trouvera ainsi dans les conditions du siége de Sébastopol, conditions qui se présenteront devant toute place qui est plutôt un camp retranché qu'une forteresse d'un développement normal.

Pour une armée de siége allemande, les points d'attaque de la fortification de Paris sont naturellement les côtés nord et nord-est. D'abord ils sont les plus faibles ; les fronts est sont en partie couverts par la Marne ; les fronts sud et ouest sont les plus forts, et leur attaque peut compromettre la ligne de retraite de l'assiégeant sur laquelle l'armée de secours ne manquerait pas d'agir. Afin de ne pas s'exposer à l'avoir coupée, l'assiégeant devra donc choisir pour point d'attaque le côté nord, car son armée d'observation couvre les lignes de retraite qui longent la Marne et la Seine, et pourra réorganiser les chemins de fer de Paris à Strasbourg et à Mulhouse qui suivent ces vallées. Ces voies ferrées serviraient aussi au transport du matériel du siége venant des forteresses allemandes du Rhin, si les places françaises tombées en notre pouvoir ne l'ont pas déjà fourni ; en tous cas, ce matériel doit être du plus fort calibre.

En admettant que l'armée d'observation allemande soit plus forte que l'armée de secours française, et que celle-ci, tenue éloignée de Paris, ne puisse troubler le siége, Saint-Denis pourrait être le premier point à attaquer. Sa prise permettrait, en effet, de s'avancer vers Montmartre sur l'enceinte continue de Paris, sans être exposé aux feux de flanc et de revers des forts extérieurs ; il n'y aurait à craindre que ceux qui partiraient de la Seine.

On assiégera simultanément les trois forts de Saint-Denis et celui d'Aubervilliers, et l'on attaquera moins sérieusement les autres forts du front est. Le siège prendra ainsi le caractère de celui de Sébastopol, et ses travaux d'attaque devront être entrepris en même temps contre une ligne de fortifications longue de plusieurs lieues.

Saint-Denis se trouve sur la rive droite de la Seine, qui se recourbe ici sur elle-même et forme une langue de terre, de laquelle les travaux d'attaque pourraient être pris en flanc et à dos; son occupation par l'assiégeant devient donc nécessaire : elle est difficile, mais non impossible, si l'on passe la Seine dans les environs d'Argenteuil. L'assiégeant pourra alors observer la citadelle du mont Valérien, située sur la même langue de terre, détruire la communication des chemins de fer de la rive gauche de la Seine avec Paris, et couvrir l'attaque sur Saint-Denis. Un pont à jeter sur la Seine le mettrait en communication avec les troupes qui opèrent sur la rive droite.

Pour faire le siége de Paris, les troupes pourraient, par exemple, être réparties de la manière suivante :

Cinquante mille hommes pour le siége des trois forts de Saint-Denis et pour l'occupation de la langue de terre dont il vient d'être question ; 20 000 hommes placés au nord de Saint-Denis, tant pour couvrir le siége de ce côté que pour renforcer les corps d'armées isolés sur les deux rives de la Seine ; 70 000 hommes seraient donc réunis devant Saint-Denis, et trouveraient leur matériel de confection au nord de cette ville ou dans la forêt de Bondy.

On pourrait concentrer 30 000 hommes dans cette forêt, 20 000 hommes au Bourget, derrière la Molette, et 30 000 hommes à Neuilly-sur-Marne, pour occuper les routes de Metz et de Coulommiers, et soutenir l'armée de siége de Saint-Denis. Ces corps garderaient leurs communications entre eux par des postes plus faibles. Les 20 000 hommes du Bourget menacent le fort d'Aubervilliers et peuvent également l'assiéger ; ils sont à peine éloignés d'une lieue de Saint-Denis, et forment avec les troupes postées de ce côté une masse de 90 000 hommes. Réunis aux 30 000 hommes établis dans la forêt de Bondy à une lieue du Bourget, ces 120 000 hommes pourront opposer dans cette forêt une résistance énergique, s'ils étaient obligés de battre en retraite, ou s'ils voulaient agir contre les grandes sorties auxquelles on est exposé.

Les 30 000 hommes placés à Neuilly, sur la rive droite de la Marne, pourront occuper la montagne qui se trouve à l'est du fort de Rosny, et entreprendre des attaques peu sérieuses contre les forts du front est. Ces 30 000 hommes, réunis à ceux qui sont postés dans la forêt de Bondy, constituent une armée déjà forte de 60 000 hommes qui peut assurer la route de retraite.

Trente mille hommes seront nécessaires pour observer l'angle formé par la Seine et la Marne jusqu'à leur confluent à Charenton. Le terrain y est très-boisé, mais plat, et les forêts sont découpées dans toutes les directions : il sera donc possible à la cavalerie de battre toute la rive droite de la Seine jusqu'à Melun, et peut-être même de passer sur la rive gauche pour détruire les chemins de fer du sud.

Ces 30 000 hommes seraient postés entre Neuilly-sur-Marne et Villeneuve-sur-Seine ou de Villiers-sur-Marne à Sucy, afin de pouvoir observer les routes qui dirigent du confluent vers l'est. Des ponts établis sur la Marne les mettraient en communication avec les troupes établies sur la rive droite à Neuilly.

Des canonnières construites sur place joueraient un rôle considérable tant dans l'attaque que dans la défense de Paris.

D'après les calculs précédents, l'armée de siége serait forte de 180 000 hommes, et pourrait être composée des troupes des deux premières armées. Il reste-rait encore pour l'armée d'observation 120 000 hommes fournis par la troisième armée, c'est-à-dire l'armée du Haut-Rhin.

Cette dernière se sera avancée par Provins et Melun, ou par Sens et Nemours, situés au sud de Paris, tan-dis que les deux autres armées opèrent de Reims et de Vitry-le-Français, vers le nord et le nord-est de Paris.

La troisième armée, dont la ligne de retraite est couverte par l'armée de siége, cherchera l'armée de secours française en rase campagne pour la pousser aussi loin que possible des environs de Paris ; elle aura en outre pour mission d'intercepter à la garnison les convois et les vivres, et de détruire les voies ferrées qui vont au sud et à l'ouest, et par lesquelles l'armée de secours pourrait elle-même recevoir des renforts et des approvisionnements de toute nature.

———

V

CONSIDÉRATIONS FINALES.

§ 33.

Il résulte des conditions de terrain que nous venons
d'examiner pour les lignes d'opérations qui, des frontières du nord et de l'est, se dirigent sur Paris, que le
système de défense de ces frontières est très-fort.
Aussi, en raison de la puissance divisée et des conditions politiques de l'Allemagne, ne lui sera-t-il pas facile, malgré sa supériorité numérique, de vaincre la
France, dont les forces militaires de terre et de mer
obéissent à une volonté unique, qui n'est limitée par
aucun autre pouvoir, et peut disposer à son gré de
toutes les ressources de l'État.

L'emploi à grande échelle de flottes composées de
navires à vapeur peut devenir très-dangereux pour
l'Allemagne, parce qu'il permet non-seulement de
détruire son commerce, mais encore de jeter sur ses
côtes de grandes masses de troupes.

Une commission réunie à Paris a été chargée de
présenter des projets pour développer davantage encore le système de défense de la France, mais il sera
difficile de savoir en quoi ils consistent.

Ce système de défense serait considérablement
affaibli par l'enlèvement de l'Alsace et de la Lorraine,
et par leur annexion à l'Allemagne. Mais non contente
de la valeur de son système de défense contre l'Alle-

magne, la France tend constamment à reprendre possession de la frontière du Rhin jusqu'à la mer, pour éloigner de Paris sa frontière du nord qui est la plus faible, et la couvrir par le Rhin et la mer.

D'après les feuilles publiques, le cabinet français aurait été irrité, et aurait vu une menace contre la France dans la délibération des chambres belges, votant une dépense de 48 millions de francs pour améliorer et agrandir la fortification d'Anvers, et la transformer en un camp retranché où l'armée pût trouver un refuge, afin de ne plus la disperser dans les places qui touchent la frontière française, dont deux seulement seront conservées.

L'empereur des Français a répondu à ce vote des chambres belges par le décret qui érigeait à Lille, tout près de la frontière belge, un grand commandement militaire sous les ordres de Mac-Mahon (1), le plus énergique de tous les maréchaux de France, puis par l'armement des fortifications du port de guerre de Cherbourg, et enfin par les stations de flottes établies dans des ports de commerce, en face de Douvres, principalement au Havre, afin de pouvoir menacer de là, à chaque instant, les côtes anglaises et belges.

Il existe maintenant en France six commandements militaires sous les ordres (2) du maréchal Canrobert

(1) Ce commandement est maintenant exercé par le général de division de Ladmirault.

(2) On a substitué aux noms donnés par l'auteur les noms des maréchaux et des généraux qui commandent actuellement les sept corps d'armée.

(Paris), du général de division de Ladmirault (Lille), du maréchal Forey (Nancy), du général de division comte de Palikao (Lyon), du maréchal Baraguay d'Hilliers (Tours) et du général de division comte de Goyon (Toulouse) ; le septième a son siége à Alger, et est commandé par le maréchal Mac-Mahon. Les trois premiers sont directement opposés à l'Allemagne et à la Belgique ; les troupes des trois autres commandements de la France peuvent y être transportées facilement à l'aide des chemins de fer.

On peut donc dans cette organisation, et dans l'établissement du camp permanent de Châlons, voir une menace constante de la France contre ces pays.

Lille est éloignée d'Anvers de dix-huit milles (environ 133 kilomètres et demi), que le chemin de fer permet de franchir en cinq heures. Deux autres voies conduisent dans le même temps à Anvers : l'une passe de Valenciennes par Mons et Bruxelles, l'autre de Maubeuge par Charleroy et Malines. Si une armée d'invasion française peut se servir de ces lignes ferrées, elle se trouvera en peu de temps devant Bruxelles et Anvers.

TABLE DES MATIÈRES.

III. — CONSIDÉRATIONS STRATÉGIQUES.

IV. — ATTAQUE DES FORTIFICATIONS DE PARIS.

V. — CONSIDÉRATIONS FINALES.

FIN DE LA TABLE DES MATIÈRES.

Paris. — Imprimerie de E. MARTINET, rue Mignon, 2.

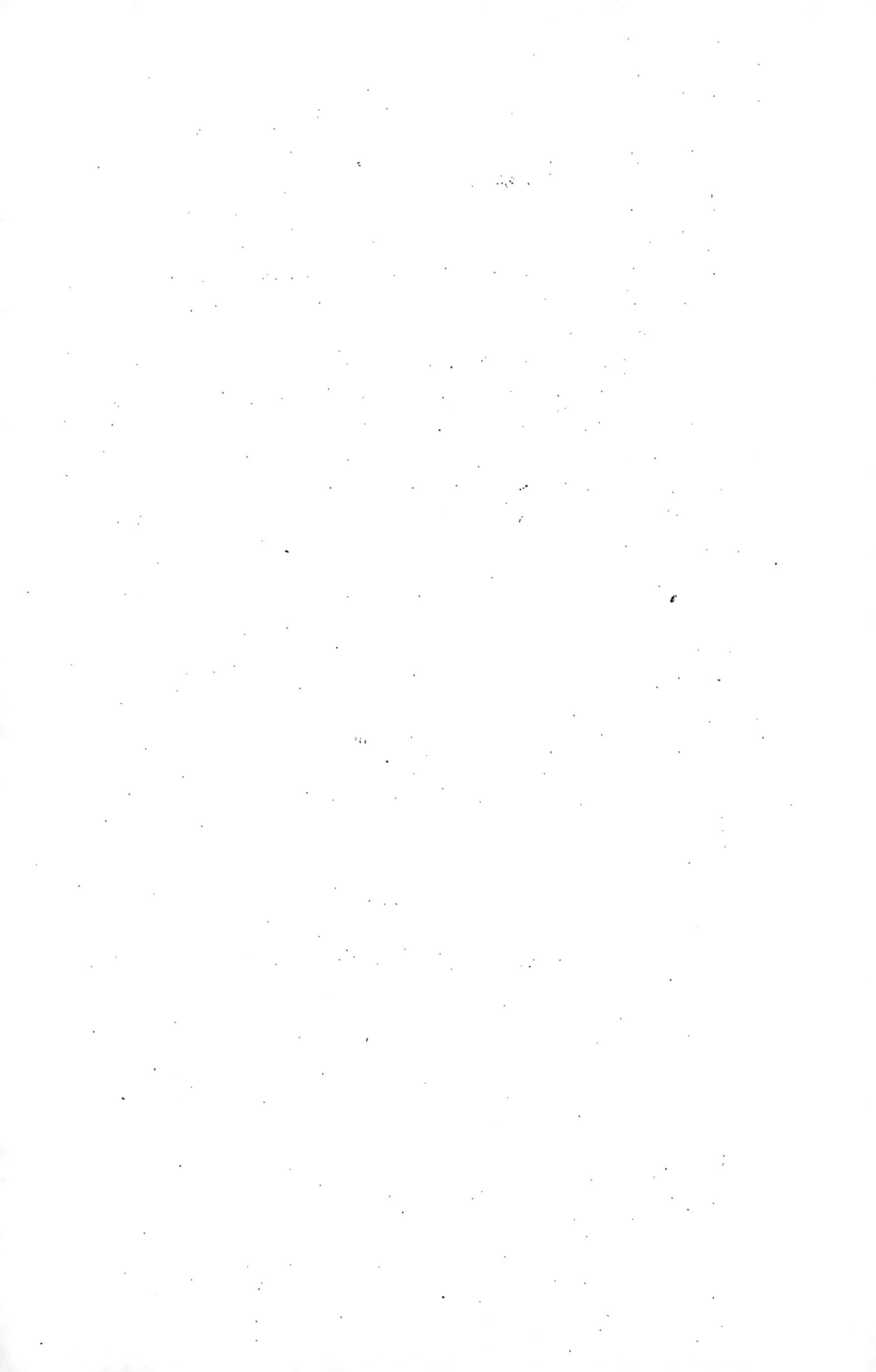

www.ingramcontent.com/pod-product-compliance
Lightning Source LLC
Chambersburg PA
CBHW050014100426
42739CB00011B/2641